ROCH CAR.

Roch Carrier est né en 1937. Tout jeune, il publie des poèmes, puis au cours d'un séjour en France, un recueil de contes Jolis Deuils *qui lui vaut en 1965 un Prix littéraire du Québec. Par la suite, son œuvre s'oriente vers le roman.* La Guerre, yes sir! Floralie, où es-tu? Il est par là, le soleil, Le Deux-millième Étage, Les fleurs vivent-elles ailleurs que sur la Terre? La Dame qui avait des chaînes aux chevilles, L'Homme dans le placard, *font de lui l'un des écrivains les plus originaux de sa génération. Au théâtre,* La Céleste Bicyclette *remporte un grand succès. En 1984, Roch Carrier publie une grande fresque romanesque,* De l'amour dans la ferraille. *Homme d'action et grand voyageur, Roch Carrier est aussi un contemplatif qui poursuit l'écriture d'une œuvre déjà considérable, son dernier cru étant* Petit Homme Tornade.

LES ENFANTS DU BONHOMME
DANS LA LUNE

Conteur sans pareil, Roch Carrier nous propose de le suivre sur les chemins savoureux de la poésie et de l'humour tout en faisant revivre le passé de son village. *Les Enfants du bonhomme dans la lune* a remporté en 1980 le grand prix littéraire de la Ville de Montréal. L'œuvre poursuit depuis son petit tour du monde.

Dans cette vingtaine de contes, qui sont un véritable hommage
enfance, les aspirations, les rêves et les illusions des person-
s racontent le Québec. Il faut, avec l'auteur, assister à une
d'alphabet ou d'éducation sexuelle, partager son souvenir
oshima, découvrir les rondeurs de Pierrette et les mys-
lu monde, discuter des fondements de la religion, mais
tter avec un ours et partir en bateau à la conquête de la
Ce voyage dans le temps est parfumé de tendresse.

Données de catalogage avant publication (Canada)

Carrier, Roch, 1937-
    Les Enfants du bonhomme dans la lune
    (Le Petit Format du Québec)
    Éd. originale: Montréal: Éditions Stanké, 1979
    ISBN 2-7604-0514-1
    I Titre.
PS88505.A77E54 1996   C843˙.54   C95-941862-8
PS9505.A77E54 1996
PQ3919.2.C37E54 1996

Couverture: Olivier Lasser

© Les éditions internationales Alain Stanké, 1996

Les éditions internationales Alain Stanké bénéficient du soutien financier du Conseil des Arts du Canada pour leur programme de publication.

Tous droits de traduction et d'adaptation réservés; toute reproduction d'un extrait quelconque de ce livre par quelque procédé que ce soit, et notamment par photocopie ou microfilm, strictement interdite sans l'autorisation écrite de l'éditeur.

ISBN 2-7604-0514-1

Dépôt légal: premier trimestre 1996

Si vous souhaitez recevoir notre catalogue et être tenu
au courant de nos publications, envoyez vos nom et adresse
à l'adresse suivante:
Les éditions internationales Alain Stanké
1212, rue Saint-Mathieu
Montréal (Québec) H3H 2H7

IMPRIMÉ AU QUÉBEC (CANADA)

Les Enfants du bonhomme dans la lune

ROCH CARRIER

Les Enfants du bonhomme dans la lune

LE PETIT FORMAT DU QUÉBEC

La religieuse qui retourna en Irlande

Après ma première journée d'école, je rentrai en courant à la maison, mon livre de lecture au bout du bras:

— Maman, j'ai appris à lire! annonçai-je.

— C'est une journée importante, répondit-elle; je veux que ton père soit là pour voir.

Nous l'avons attendu. Je l'attendais comme jamais je ne l'avais attendu. Dès que son pas sonna sur la galerie de bois, mon premier livre de lecture était ouvert sur mes genoux, et j'avais mon doigt pointé sur la première lettre d'une petite phrase.

— Ton garçon a appris à lire aujourd'hui, lui proclama ma mère, aussi fébrile que je l'étais, à travers la porte moustiquaire.

— Eh ben! dit mon père, les choses se font vite de nos jours. Betôt, mon garçon, tu vas pouvoir faire comme moé, lire le journal à l'envers en dormant!

— Écoute-moi! dis-je.

Et je lus la phrase que j'avais apprise à l'école, pendant la journée, avec sœur Brigitte. Au lieu de s'emparer de moi et de me hisser au bout de ses bras, mon père regarda ma mère et ma mère ne vint pas embrasser son petit garçon qui avait si vite appris à lire.

— Qu'est-ce que c'est ça? demanda mon père.

— On dirait que ça ressemble à de l'anglais, dit ma

9

mère. Montre-moi ton livre. (Elle lut la phrase que j'avais appris à déchiffrer.) On dirait que tu lis comme un Anglais. Recommence.

Je relus la petite phrase.

— Mais, tu lis avec de l'accent anglais! s'écria ma mère.

— Je lis comme sœur Brigitte me l'a appris.

— Dis-moé pas qu'i' va apprendre sa langue maternelle en anglais, protesta mon père.

J'avais remarqué que sœur Brigitte ne parlait pas comme nous mais cela était bien normal, car les religieuses, nous le savions, ne faisaient rien comme les autres; elles ne s'habillaient pas comme tout le monde, elles ne se mariaient pas, elles n'avaient pas d'enfants et elles vivaient toujours cachées. Quant à savoir si sœur Brigitte avait un accent anglais, comment l'aurais-je pu? Je n'avais jamais entendu un seul mot d'anglais.

Dans les jours qui suivirent, j'appris qu'elle n'était pas née dans notre village; cela me parut assez étrange que l'on puisse habiter au village sans y être né, car tout le monde du village était né au village.

Les parents n'appréciaient pas beaucoup que les enfants apprennent à lire leur langue maternelle avec un accent anglais. Ils commencèrent à raconter, avec des chuchotements, que sœur Brigitte était Irlandaise, c'est-à-dire qu'elle n'était même pas née au Canada. M. Cassidy, l'embaumeur, était un Irlandais, mais il était né au village, tandis que sœur Brigitte était venue de l'Irlande.

— Où est-ce que c'est l'Irlande? demandai-je à ma mère.

— C'est un pays tout petit et tout vert dans la mer, loin, loin.

Pendant les leçons de lecture suivantes, je m'appliquai à prononcer les voyelles comme sœur Brigitte le faisait, à mettre l'accent sur les mêmes syllabes que sœur Brigitte; j'étais tellement impatient de lire les livres que mes oncles rapportaient des collèges lointains. Brusquement il me fallut savoir:

— Sœur Brigitte, où est-ce que c'est l'Irlande?

Elle posa son livre.

— L'Irlande, c'est le pays où sont nés mes parents, mes grands-parents, et mes arrière-grands-parents. Moi aussi, je suis née en Irlande. J'ai été une petite fille en Irlande. Quand j'étais une enfant comme vous, je vivais en Irlande. Nous avions des chevaux, des moutons. Puis le Seigneur a demandé si je voulais devenir sa servante...

— Qu'est-ce que ça veut dire?

— Le Seigneur m'a demandé si je voulais devenir une religieuse. J'ai accepté. Alors j'ai quitté ma famille, j'ai oublié l'Irlande et mon village.

— Oublié votre village?

Dans ses yeux, je vis qu'elle ne voulait pas répondre à ma question.

— Depuis ce temps-là, j'enseigne aux petits enfants. J'ai enseigné à des enfants comme vous qui sont devenus des grands-parents, de vieux grands-parents.

Tout entouré dans la cornette empesée, presque caché, le visage de sœur Brigitte n'avait pas d'âge; j'apprenais que sœur Brigitte était vieille, très vieille, puisqu'elle avait enseigné à des grands-parents.

— Êtes-vous retournée en Irlande?

— Dieu n'a pas voulu m'y ramener.

— Vous devez vous ennuyer de votre pays...

— Dieu m'a demandé d'enseigner aux petits enfants la lecture et l'écriture pour que chaque petit enfant puisse lire le grand livre de la Vie.

— Sœur Brigitte, vous êtes plus vieille que des

grands-parents! Allez-vous retourner en Irlande avant votre mort?

La vieille religieuse dut comprendre dans mon regard que la mort était pour moi si lointaine que je pouvais en parler avec naïveté comme de l'herbe ou du ciel. Elle dit simplement:

— Continuons la leçon de lecture. Les écoliers irlandais ne sont pas aussi dissipés que vous.

Tout l'automne, nous nous appliquâmes à nos leçons de lecture; en décembre nous pouvions déjà lire de courts textes que sœur Brigitte écrivait elle-même sur le tableau noir dans une calligraphie pieuse que nous nous efforcions gauchement d'imiter; dans tous ces textes, il y avait toujours le mot Irlande. C'est en traçant le mot Irlande que j'ai appris à tracer le I majuscule.

Après les vacances de Noël, ce ne fut pas sœur Brigitte qui nous accueillit à la porte de la classe; elle était malade. À travers les chuchotements des parents, nous apprîmes que sœur Brigitte avait perdu la mémoire. Cela ne nous étonna pas. Nous savions que tous les vieillards perdent la mémoire et sœur Brigitte était un vieillard puisqu'elle avait enseigné à des grands-parents.

Fin janvier, les religieuses du couvent s'aperçurent que sœur Brigitte était sortie de sa chambre. On la chercha partout, dans toutes les pièces, dans toutes les salles de classe. Dehors, la tempête projetait contre les maisons des bourrasques de vent et de neige; comme l'on disait, on ne voyait ni ciel ni terre. Sœur Brigitte, qui vivait dans son lit depuis quelques semaines, s'était enfuie dans la tempête. Des hommes du village repérèrent sa forme noire dans la poudrerie; elle était pieds nus sous sa grande mante. Quand les hommes lui demandèrent où elle allait, sœur Brigitte répondit, en anglais, qu'elle s'en retournait chez elle, en Irlande.

La bombe atomique m'est-elle tombée sur la tête?

Notre maison avait été habitée, avant que mon père ne l'achetât, par un cordonnier qui y était mort très vieux. Ma mère nous le décrivait: un homme court, courbé parce qu'il avait passé sa vie à coudre du cuir; le petit cordonnier boitait, il avait un pied bot et une jambe plus courte que l'autre. Il fabriquait lui-même ses chaussures parce qu'il n'aurait pu trouver dans aucun magasin, pour son pied infirme, cette petite botte avec une semelle très épaisse qui avait la forme d'un sabot de cheval.

Adossé à notre maison, l'appentis était surmonté d'un grenier très bas. Notre mère y rangeait dans des caisses les vêtements qui serviraient aux autres enfants, quand ils arriveraient. Elle nous permettait de grimper avec elle dans l'escabeau. La tête dans l'ouverture pratiquée au plafond, nous touchions du regard, dans le grenier, les caisses, les valises, les vieux magazines, les photographies encadrées, toutes ces choses qui, dans le faisceau lumineux de la lampe de poche, semblaient chuchoter des secrets. Juché sur l'escabeau, ma tête dépassant à peine le plancher du grenier, par la trappe, je montais dans un rêve d'où ma mère devait m'arracher. J'en revenais, descendant de l'escabeau, toujours un peu étourdi. Dans un coin du grenier, s'entassaient les outils du petit cordonnier. Ils ne nous appartenaient pas. Les outils attendaient comme si le cordonnier allait revenir s'en servir: des bandes de cuir enroulées, des souliers auxquels il n'avait pas eu le temps de coudre une semelle, des fuseaux de fil, des poinçons, une alène, un chevalet qui lui servait à tenir le cuir dans ses longues pinces de bois pendant qu'il cousait, un trépied, des tranchets. Ma mère expliquait l'utilité des outils du cordonnier, mais elle n'y touchait pas. Le soir, souvent, avant de tomber dans le sommeil, je songeais à ce petit cordonnier au pied bot qui avait vécu dans notre maison, qui y était mort et dont les outils l'attendaient.

À cette époque, nous savions que l'homme ne meurt que pour revivre. Il ne faisait aucun doute dans mon esprit que, si le petit cordonnier avait ses outils dans notre grenier, et son cuir, et son fil, il y revenait faire son métier. Le toit craquait, un clou criait dans le bois: dans mon lit, je savais que le petit cordonnier était revenu. Je m'enfonçais dans le matelas, je tirais les draps sur ma tête. Je m'étais endormi.

Un matin, je trouvai, près de mon lit, mes souliers avec des semelles neuves, faites d'un beau cuir luisant; les talons éculés avaient été remplacés; mes souliers étaient devenus neufs.

— Qui est-ce qui a fait ça? criai-je en déboulant l'escalier. Mes souliers sont plus beaux que quand ils étaient neufs!

— Tes souliers étaient si usés que c'en était un déshonneur, dit ma mère, qui faisait manger à la cuiller un petit frère. Je suis allée les porter chez le nouveau cordonnier, hier soir, pendant que tu dormais.

Je suis remonté dans ma chambre avec ce soupçon que ma mère n'avait pas voulu me dire la vérité. Il y avait tant de choses que les parents ne voulaient pas dire, tant de choses qu'ils refusaient de m'expliquer, tant de choses que je ne pourrais comprendre que lorsque je serais devenu grand. Cette fois, je devinais. Je savais, même si ma mère n'avait pas voulu me dire la vérité. Mes souliers avaient été réparés pendant la nuit, par le petit cordonnier au pied bot!

Je partis pour l'école plus tôt que d'habitude. Il y avait, dans le village, quelque chose de plus important que le soleil au-dessus de nous: mes souliers. Leur lustre m'éblouissait plus que cette matinée de septembre. Je ne marchais pas vers l'école, je ne courais pas, j'y volais. Mes nouvelles semelles, cousues par le petit cordonnier au pied bot qui revenait sur terre, la nuit, exercer son métier dans notre maison, ne se posaient pas vraiment sur la terre, comme le faisaient les pieds des vaches, ou des chevaux, ou ceux de mes camarades, elles n'effleuraient même pas le sol: elles me faisaient voler sans m'enlever l'apparence de celui qui marche. Mais moi, je savais que je volais. J'avais été initié à l'un des grands mystères qui vivent dans la nuit. Le petit cordonnier au pied bot, je savais qu'il était venu, je l'avais entendu boiter, je l'avais entendu prendre et poser ses outils au grenier.

À l'école du village, nous portions tous des souliers. Les religieuses n'auraient pas accepté un élève pieds nus. Aucune mère n'aurait osé envoyer à l'école du village un enfant nu-pieds. Dans les écoles des rangs, ces écoles éloignées de plus d'un mille, ces petites écoles construites le long de routes de gravier poussiéreuses, beaucoup d'enfants ne portaient pas de souliers, mais nous, nous fréquentions l'école du village, et nous portions fièrement des souliers. Ce n'est qu'après l'école que les enfants des familles nombreuses retiraient leurs souliers pour ne pas les user trop.

Lorsque j'arrivai dans la cour de l'école, mes souliers

se firent tout de suite remarquer. Des camarades s'approchèrent pour les voir. J'allai m'appuyer contre le gros saule, qui était le point de rencontre des garçons, pour les exhiber.

— T'as des beaux souliers neufs!

— Chanceux...

— Moé, chez nous, j' sus t'obligé de prendre les souliers d' mon frère quand i' sont trop p'tits. Quand i' sont trop p'tits pour lui, i' sont trop usés pour moé.

Je commençai d'expliquer en m'assoyant sur les livres que je transportais dans mon sac de toile:

— C'est pas des souliers neufs. C'est mes vieux souliers. Pendant que je dormais...

Je racontai à mes camarades, assis sur leurs livres de classe comme moi, comment mes souliers avaient été refaits, pendant la nuit, par le petit cordonnier au pied bot qui avait habité dans notre maison avant sa mort et qui y avait encore ses outils...

Un gros rire me frappa comme un coup au visage et brisa mon histoire; un grand était venu m'écouter et il riait en se tenant le ventre:

— Écoute donc, toé, la bombe atomique t'est-i' tombée sus la tête?

Quelques jours auparavant, les Américains avaient jeté sur Hiroshima une bombe qui avait brulé vifs des milliers de femmes, d'hommes et d'enfants.

La radio a raconté cet événement, *L'Action catholique*, sans doute, l'a commenté en première page et mes parents, sans doute, ont discuté de l'article de *L'Action catholique*, mais j'avoue que je ne me souviens pas du jour d'Hiroshima.

J'ai fouillé dans ma mémoire, j'y ai cherché ce jour d'enfance, comme l'on cherche, page à page, paragraphe par paragraphe, un passage dans un livre déjà lu. Au lieu d'y trouver un souvenir dont l'éclat aurait dû brûler un coin de ma mémoire douloureusement, je ne puis me souvenir, dans cet automne, que du petit cordonnier au pied bot.

Ce trou de mémoire m'agace mais sans doute l'homme ne choisit-il pas ce qui vient hanter sa mémoire.

Dans l'autre vie, quand les gens d'Hiroshima se rappellent la terre, ils doivent revoir la vive explosion qui arracha leur corps à leur âme. Je souhaiterais plutôt qu'ils puissent se souvenir d'un petit cordonnier au pied bot qui, pendant leur sommeil, venait réparer les souliers usés d'avoir trop joué sur une terre couverte de pissenlits et de marguerites.

La mort
imbécile

Parfois — c'était au moment où il trempait son biscuit dans son thé — mon père annonçait:

— Demain, mon garçon, j' t'emmène avec moé; ça va te faire du bien de voir la vie.

Le lendemain, nous partions dans sa Ford noire et le village, à l'arrière, comme un chapeau sur la montagne, s'effaçait dans la poussière de la route de gravier. Nous nous engagions dans des routes où, souvent, il n'y avait même pas de poussière parce qu'elles étaient construites de terre toujours humide. Le long de ces chemins où la voiture s'avançait lentement, s'accrochant le ventre dans les ornières, apparaissait, de temps à autre, dans un espace grugé dans la forêt drue, une maison de bois que le temps avait rendu gris: il en surgissait une troupe d'enfants qui couraient pour nous regarder passer. Ces enfants de tous les âges, nu-pieds, étaient habillés de vêtements trop vastes qui me semblaient des sacs. Mon père disait:

— L' bon Dieu, i' est juste, mais y a pas donné la richesse à tout l' monde.

Après quelques instants de silence qu'il m'avait laissés pour réfléchir, il ajoutait:

— Duplessis leur a même pas encore donné l'électricité.

Cela voulait dire pour moi que le soir, les enfants rédigeaient leurs devoirs autour de la même table éclairée par une seule lampe à l'huile: tant d'enfants autour d'une seule table sur laquelle, auparavant, ils avaient mangé une bouillie, comme en mangeaient, m'avait-on dit, les familles pauvres. Souvent mon père s'arrêtait et entrait dans la maison parler avec l'homme. Les enfants s'approchaient de notre voiture et venaient m'examiner. Je n'aimais pas leur odeur d'étable. Ils m'invitaient souvent à descendre pour me montrer une voiture qu'ils s'étaient construite avec de vieilles roues trouvées, ils me présentaient des animaux apprivoisés, des couleuvres, un écureuil, un hibou. Retournant au village, j'avais la tête bourdonnante d'expérience.

Ce jour-là, mon père s'arrêta devant une de ces maisons de bois gris. Un homme était assis sur une des marches devant la porte d'entrée. Il n'y avait pas d'enfants dans les environs. Ils devaient être dans les champs à cueillir les framboises. J'attendrais donc dans la voiture.

— Bonjour, Philémon! dit mon père.

— Salut, Georges, ça fait longtemps qu'on t'a pas vu dans les parages.

— C'est-i' toé qui t'ennuies de moé, Philémon, ou ben c'est-i ta femme?

Une forme apparut dans l'embrasure de la porte qui n'avait pas de moustiquaire; la femme de Philémon lança, avant de retourner dans l'ombre:

— Vous êtes deux vlimeux, vous autres!

— Ta femme est encore en attente? demanda mon père avec un sourire moqueur.

— Ça va être notre quatorzième, Georges, dit Philémon avec une satisfaction qui s'allongea dans un sourire. Toé, Georges, t'as pas été capable d'en faire quatorze.

Un braillement d'enfant jaillit, strident, de la maison.

— Philémon, dit mon père, c'est-i un cri qui annonce l'arrivée du quatorzième?

— Si tu dis vrai, Georges, j' vas m'atteler au quinzième dré-là!

La femme, dont la forme était toute mêlée à l'ombre, réapparut dans la porte:

— Vous autres, quand vous êtes ensemble, j'aime autant que les enfants vous entendent pas.

Dans l'auto, moi, j'écoutais; ils disaient des mots familiers, mais ils parlaient une langue que je ne connaissais pas. Je ne comprenais rien à leur discours. Je prenais soin de rire quand ils riaient à leurs farces, car je tenais à avoir l'air de comprendre.

— Qu'est-ce que tu fais de bon aujourd'hui, Philémon?

— Aujourd'hui, Georges, j' netteye mon fusil. Tu vois pus clair, Georges?

L'homme avait en effet une carabine sur les genoux et il en frottait le canon avec un torchon.

— J'aime, dit l'homme, un fusil propre comme la prunelle de mes yeux. R'garde ça. Ça brille comme la lumière électrique.

En parlant, l'homme avait levé sa carabine de ses genoux et il la dirigeait vers mon père.

— Attention, Philémon, dit mon père, tu vas me faire peur. C'est pas un chapelet que t'as dans les mains, c'est un fusil.

Mon père recula de quelques pas vers l'auto.

— Voyons, Georges, aie pas peur! Tu sais ben...

— Philémon, j'ai peur de ça...

En riant, l'homme pointa la carabine vers mon père; l'œil gauche fermé, il visait mon père:

25

— Georges, si t'étais un chevreu, t'aurais pas de chance aujourd'hui, Ah! Ah!

— Philémon! ordonna mon père d'une voix sèche, baisse ça! I' peut être chargé.

— Voyons, Georges, j' sus pas fou, si mon fusil était chargé, j' jouerais pas avec.

L'homme mirait mon père, mais la carabine bougeait. Les épaules de l'homme sautaient tant il riait de voir mon père effrayé. Mon père s'efforça de s'enfuir:

— J' sus pas capable d' m' sauver, Philémon. J'ai les jambes coupées.

Mon père tomba à genoux. La carabine était braquée sur lui.

— Georges, si t'étais un chevreu, j' pourrais choisir le front, le nez, ou ben l' cœur, Georges, ou ben... Ah! Ah!

Ses mots furent bousculés par les rires qui coulaient de sa bouche en glougloutant. La carabine poursuivait mon père. Il avait croisé les mains comme quand il priait. J'avais aussi, sur la banquette d'auto, les mains croisées.

— Philémon, dit mon père en pleurant, j' prie l' bon Dieu de pas te laisser tirer.

L'homme pourchassait mon père dans le viseur.

— J'aurais jamais pensé, Georges, que t'aurais peur d'un fusil comme une petite fille.

L'homme riait de plus en plus; ses pieds, dans de grosses bottes, piétinaient de plaisir. Moi, j'essayais de glisser sur la banquette pour ne plus rien voir. J'étais paralysé comme mon père.

— Philémon, j' veux pas que mon garçon me voit mourir.

Mon père s'était laissé tomber, le visage dans ses bras, contre terre. L'homme ne riait plus, il criait plutôt de plaisir, ou il toussait, ou il crachait. Il avait tant de plaisir qu'il ne pouvait plus tenir sa carabine; il la rame-

26

na sur ses genoux pour essuyer ses larmes et sa salive du revers de ses grosses mains brunes. Il s'apaisa lentement. Mon père ne bougeait plus. Je le regardai allongé sur le sol, je vis ses mollets blancs entre le pantalon et les chaussettes, je vis les talons éculés de ses souliers. L'homme ne riait plus. Il vint vers mon père. Son gros ventre tombait et il traînait ses bottes. Du bout du canon, il lui donna des petits coups sur la tête.

— Non, criait mon père, non, NON.

— Georges, dit l'homme, de toute le monde qui passe par icitte, y en a pas un qui m'a jamais fait rire autant que toé. Tu sais ben, mon fusil, i' est pas chargé! R'garde!

Il pointa l'arme vers le ciel. Le ciel tonna comme jamais il n'avait résonné, les soirs de grandes tempêtes qui nous figeaient dans la peur. La carabine bondit par terre.

— Je l'ai tué! criait l'homme. J'ai tué Georges! Je l'ai tué!

Il pleurait. Mon père se releva lentement en secouant l'herbe de son costume.

— J'ai tué Georges! pleurait l'homme.

L'ombre de la femme dans la porte ne disait rien. L'homme criait:

— Je l'ai tué! Je l'ai tué!

Mon père se pencha, ramassa la carabine et il la tendit à l'homme.

— Philémon, aie pas peur comme ça.

Et à moi il dit:

— Viens-t'en, mon garçon, la journée d'aujourd'hui va être plus belle que j' pensais...

J'ai maintenant l'âge de mon père au moment de cette grande peur. S'il m'arrive de songer à la mort, je ne puis m'empêcher de la voir comme je l'ai aperçue ce jour-là: imbécile. Elle ne sait pas qu'elle peut tuer.

La machine
à détecter tout
ce qui est américain

Au bas de la montagne, deux ou trois ruisseaux gigotaient parmi les aulnes. L'eau était très claire. Nous pouvions y voir les goujons, les choisir, les regarder mordre à l'hameçon. Il était impossible de revenir bredouille.

Au printemps, dès que la neige avait disparu, les Américains revenaient, comme nous disions, avec leurs voitures, plus grosses que celle du curé, auxquelles étaient attachées de merveilleuses chaloupes. Les Américains venaient pêcher. Avec leurs grosses chaloupes, ils ne s'aventuraient pas dans nos trois petits ruisseaux, non, ils allaient plus loin, dans les montagnes, pêcher dans un lac qui leur appartenait. Puisque les Américains venaient de si loin pêcher dans ce lac, les truites y étaient plus longues que dans tous les lacs des États-Unis. Cela ne faisait aucun doute pour nous.

Ces magnifiques chaloupes, ces voitures dont les plaques portaient des noms comme des mots magiques, et ces riches messieurs fumant de gros cigares ne s'arrêtaient jamais; ils traversaient notre village comme s'il n'avait pas existé. Les Américains étaient pressés d'aller, comme disaient les hommes du village, « pêcher les truites à la pelle ».

J'eus une illumination que je confiai à mon ami Lapin: nous ne devions pas nous contenter de nos goujons grisâtres; nous devions avoir plus d'ambition: nous devions aller pêcher dans le lac des Américains.

— Nous n'avons pas le droit, me dit-il, ce lac-là est aux Américains, mais les truites sont longues comme ça, soupira mon ami Lapin, pêcheur astucieux.

Nous allâmes prendre nos fils à pêche; Lapin remplit ses poches de vers et, au bord de la route, nous attendîmes que passe une voiture dans la direction du lac des Américains. Une heure plus tard, le vieux camion d'Onésime nous avait conduits à l'entrée du lac des Américains. Sur la barrière, on avait écrit: DÉFENCE DE PÊCHÉ, NO FISHING. La barrière escaladée, nous suivîmes le chemin qui menait au lac, un chemin large pour les grosses voitures, un chemin mieux construit que nos routes de campagne. Le lac était beau comme ceux qui ornaient les calendriers. Il était désert. Aucun Américain n'y pêchait dans sa grosse chaloupe. Embusqués derrière un arbre, Lapin et moi, nous épiâmes. Sûrs que nous étions seuls, nous nous avançâmes vers le quai où étaient réunis quelques canots:

— As-tu déjà avironné? me demanda Lapin. Non? Moé non plus.

— Ça se voit ben que nos péres étaient pas des Sauvages.

En canot sur le lac des Américains, nous appâtâmes nos hameçons et nous commençâmes à pêcher. Bientôt je dis à Lapin:

— Si on arrête pas, il va falloir sortir du canot pour faire de la place aux truites.

— Détalons, dit Lapin, avant de nous faire prendre.

Revenus à la rive, nous enfilâmes nos truites par les ouïes dans de fines fourches d'aulne. Et nous courûmes jusqu'à la route où nous marchâmes avec l'air de ne pas sortir du lac des Américains. À peine avions-nous parcouru un arpent, Onésime revenait dans son vieux camion. Nous nous précipitâmes avec nos truites dans le taillis, mais il nous avait aperçus et il s'arrêta. Nous étions obligés de monter avec lui.

— Vous avez de belles truites...

— On les a trouvées dans un petit ruisseau caché, dit Lapin.

Onésime fronça ses gros sourcils gris d'homme qui a de l'expérience. Nous baissâmes les yeux en rougissant.

— Vous avez ben fait, les enfants: voler les truites des Américains, c'est pas un péché... C'est seulement de la contrebande. Vous savez qu'est-ce que c'est la contrebande? Faites-vous pas prendre, les enfants, comme y en a qui se sont fait prendre aujourd'hui. Le Code, c'est le Code.

Onésime nous raconta les événements. Notre village était situé à quelques milles de la frontière américaine. Il y avait là un poste de douanes, une simple cabane. Le douanier ne travaillait que le jour. Il voyait plus de lièvres que de voyageurs. Un homme avait profité de la nuit pour passer en contrebande plusieurs douzaines de paquets de cigarettes américaines, dans le but de les revendre au village. Au matin, le douanier s'était présenté chez le contrebandier, il avait confisqué les cigarettes et même les clefs de sa voiture.

— Je pense, conclut mon oncle Onésime, qu'il va être obligé de se promener à bicyclette pour un bon bout de temps. À moins qu'il aille en prison... C'est grave, la contrebande... Mais j' penserais pas que l'homme va être pendu...

— Comment le douanier a pu savoir que l'homme avait traversé la frontière avec des cigarettes?

— Le douanier a une machine à détecter tout ce qui est américain.

33

Lapin et moi ne parlions pas. Mais nous pensions à la même chose. Apporter au village des cigarettes américaines, c'était une faute punie par la loi; apporter au village des truites pêchées dans le lac des Américains, ça devait être semblablement une faute punie par la loi.

Devant l'église, Onésime s'arrêta.

— Descendez icitte, les enfants, moé je tourne. Méfiez-vous du Code!

Lapin fourra le paquet de truites sous son chandail et nous sautâmes sur le trottoir en empruntant l'assurance de ceux qui n'ont rien à se reprocher. Avec nos truites cachées sous son chandail, Lapin avait une poitrine aussi grosse que celle de Pierrette. Il ne pouvait pas se promener longtemps avec cette bosse dans son chandail. Devant les fleurs du parterre de M. Rancourt, mon ami Lapin dit:

— Jetons les truites dans les fleurs.

— Non! non! Quelqu'un va les trouver. Le douanier, avec sa machine, va savoir qu'on les a mises là.

Que faire? Lapin s'assit au bord du trottoir, les bras croisés pour cacher la bosse des truites. Je l'imitai. Il ne nous restait qu'à penser.

— Ces truites-là, c'est à nous. C'est nous qui les avons pêchées, avec nos propres mains et nos propres vers.

— Oui, mais on les a pêchées dans le lac des Américains.

— Oui, mais le lac, i' est dans *notre* pays, dans *notre* forêt.

— Oui, mais le lac appartient aux Américains. Si on apporte dans le village quelque chose qui appartient aux Américains, c'est de la contrebande.

— Avec sa machine, conclut Lapin, le douanier connaît ceux qui font de la contrebande.

34

Nous étions pris au piège. Nous pouvions encore, avec nos truites, courir à l'église. Cachés derrière l'orgue, nous attendîmes. Nous priâmes et nous attendîmes. Dieu allait-il se porter au secours de deux enfants si fervents ce jour-là? Aux grandes fenêtres, nous vîmes la lumière pâlir. Il faisait déjà nuit dans l'église alors que la terre était encore éclairée. Devions-nous passer la nuit dans notre cachette? La nuit, l'église devait ressembler à une caverne profonde, avec les lampions comme des feux follets. Le sacristain commença son tour d'inspection avant de fermer l'église à clef. Nous serions prisonniers jusqu'au matin.

— La machine du douanier va savoir qu'on est icitte, mais i' va attendre après la nuit pour nous ramasser.

Nous ne voulions pas passer la nuit dans l'église. Avec tous les saints, les damnés, les démons, les anges et les âmes du purgatoire, sait-on ce qui peut se passer, la nuit? Une église, la nuit, ce peut être le ciel, ce peut être l'enfer aussi. Lapin et moi avions les larmes aux yeux.

— Le dernier espoir qui nous reste, c'est la confession, l'aveu complet de nos fautes...

— Pis le ferme regret de pus commettre le péché, ajouta Lapin.

Sur la pointe des pieds, silencieux comme des anges, pour échapper au sacristain, nous sortîmes de derrière l'orgue, puis de l'église et nous courûmes chez le douanier.

— On vous rapporte des truites de contrebande, dis-je faiblement, vaincu, coupable.

Le douanier les examina d'un œil connaisseur.

— Vous les avez pas évidées...

— On savait pas que c'était dans le Code, s'excusa mon ami Lapin.

Le jour
où je devins
un apostat

Plutôt qu'un enfant, j'aurais souhaité être un oiseau. Il y avait tant de pays où j'aurais pu me rendre en battant des ailes tout simplement dans le grand ciel bleu.

J'aurais tant aimé aller sur la lune visiter le gentil bonhomme dont on pouvait apercevoir les yeux et la bouche, les soirs clairs de la lune pleine. Malheureusement, nous l'avions appris à l'école, je ne pourrais jamais aller jusqu'à la lune. La religieuse nous avait expliqué:

— Essayez d'imaginer, mes enfants, si vous le pouvez, un train qui serait parti de France en 1608, en même temps que Champlain s'embarquait pour Québec, imaginez, mes enfants, que ce train file à quatre-vingts milles à l'heure sans jamais s'arrêter, euh... imaginez que ce train file sur un chemin de fer que les hommes ont construit entre la terre et la lune; bien, mes enfants, ce train, aujourd'hui, n'aurait pas encore atteint la lune, tandis que Champlain, le fondateur de Québec, est mort depuis trois cent dix ans. Mes enfants, si le bon Dieu a accroché la lune si loin de la terre, c'est parce que, dans sa Sagesse, il ne voulait pas que les hommes aillent ailleurs que sur la terre.

Alors nous restions sur la terre, et la lune, au loin, nous semblait une lampe à la fenêtre du ciel. (Pourtant, dans les bandes dessinées de *L'Action catholique,* des hommes tournaient une manette, poussaient des boutons, et ils montaient sur la lune...)

Je ne pouvais donc voler vers la lune mais, si j'avais été un oiseau, j'aurais certainement pu me rendre à Rome, la Ville sainte où vivait le pape, l'homme choisi par Dieu, le seul homme qui ne pouvait jamais se tromper, l'homme à qui Dieu avait remis les clefs de la porte du ciel. Le pape, l'homme le plus puissant au monde, vivait à Rome. Une fois toutes les semaines, il ouvrait sa fenêtre, et il traçait un signe de la croix. Ceux qui le voyaient faire ce geste étaient touchés d'une bienfaisance divine et leur vie ne serait plus que bonheur et bonté. Rome baignait dans un parfum céleste. Mais Rome était si loin et je n'étais pas un oiseau mais un enfant condamné à marcher dans ses petits souliers étroits sur la terre de notre village.

Parce qu'elle était une sainte, la supérieure de notre religieuse avait obtenu le privilège d'aller à Rome. Elle avait éprouvé le suprême bonheur de voir, de ses propres yeux, le pape en chair et en os. Notre religieuse avait reçu de sa supérieure une carte postale. Le timbre en était beau comme un diamant. Il venait de Rome. Il venait de la Ville éternelle. Il venait presque du ciel. Il était précieux comme une relique, comme un morceau de la soutane du pape.

— J' le veux, le timbre! m'écriai-je.

— Moé itou! crièrent les enfants en chœur.

— Je ne peux déchirer le timbre en trente-cinq morceaux pour faire plaisir à chacun de vous, mes enfants; je le donnerai plutôt à celui ou celle d'entre vous qui manifestera la plus grande piété pendant le saint temps du Carême.

J'assistai à deux messes chaque matin, je récitai jusqu'à douze chapelets par jour. Dieu était content de moi.

Il inspira à la religieuse l'idée que je méritais le timbre de Rome.

À la mi-avril, la charrue géante du gouvernement de Duplessis vint déblayer la rue du village. La neige accumulée de l'hiver fut retournée en deux hauts cordons bordant la rue. Ici et là émergèrent des plaques d'herbe jaunie. La neige devint grise. Le ciel s'assombrissait. Le printemps hésitait. Le printemps n'osait jamais sortir de l'hiver avant que le Christ ne sorte victorieux de son tombeau. La terre se faisait triste car venait la mort du Christ. Cette condamnation à mort du Fils de Dieu était honteuse et le soleil refusait d'éclairer ce péché. Même les cloches, à l'église, allaient devenir bientôt silencieuses. En effet, le Vendredi saint, à trois heures de l'après-midi, après le dernier soupir du Christ sur la croix, les cloches s'envoleraient aussitôt à Rome implorer du pape un pardon des fautes commises au village et lui demander une bénédiction que, du clocher paroissial sur la montagne, elles répandraient durant toute l'année. Les cloches partaient pour Rome le jour de la mort du Christ et elles revenaient pour annoncer, au jour de Pâques, sa Résurrection.

Un ange, je le croyais, me suggéra une idée qui se fit en moi de plus en plus pressante: si je n'avais aucun moyen d'aller sur la lune, il me serait très facile d'aller à Rome, avec les cloches voyageuses.

Ce fut une interminable semaine. Je savais le Vendredi saint à l'horizon, je l'attendais, mais il ne s'avançait pas. Chaque jour était plus long que la veille. La souffrance du Christ était sans fin. Je ne pouvais le prier de hâter l'arrivée du Vendredi saint... Je rassemblai les sous dissimulés dans mes cachettes, j'écrivis un message à placer sous mon oreiller pour expliquer à mes parents

41

mon absence. Enfin, j'annonçai à mon ami Lapin que je disparaîtrais pendant quelques jours « dans une ville sainte que j' peux pas t' dire ».

— Où c'est ça?

Mon secret était trop gros pour moi.

— J' pars pour Rome...

Lapin comprit aussitôt.

— Avec les cloches?

— C'est ça.

— Allons-y ensemble, toé pis moé, à Rome!

Arriva enfin le Vendredi saint. Mon ami Lapin et moi, à l'église, suivions, avec une extraordinaire attention, prière à prière, psaume à psaume, l'agonie du Christ, l'agonie du Christ qui allait mourir à trois heures de l'après-midi. Au même instant, les cloches s'envoleraient, nous emportant à Rome avec elles. Les psaumes s'étiraient, les orémus se répétaient sans fin avec des mots qui s'allongeaient constamment. À l'horloge au-dessus de la chaire, les aiguilles semblaient ne plus savoir avancer vers trois heures.

Beaucoup plus tard, il fut trois heures moins deux. Nos amis priaient avec acharnement et les oraisons empêchaient le temps d'avancer. Nos amis qui priaient, nous ne les reverrions qu'après Pâques, qu'après notre voyage à Rome. Lapin et moi attendions le dernier soupir du Christ; peut-être avait-il décidé de ne pas se laisser tuer par les hommes ce vendredi-là? Nous attendions ces trois heures qui ne venaient pas, dans le vestibule — le curé disait: le narthex — où pendaient les câbles rattachés aux cloches là-haut dans le clocher. À l'horloge, l'aiguille noire, tout à coup, indiqua trois heures moins une minute. Mes jambes s'amollissaient. Il serait bientôt trois heures. Le Christ, comme chaque année depuis le début de l'histoire de l'Église, allait mourir à trois heures, et les cloches s'envoleraient vers Rome. Elles nous emporteraient, Lapin et moi, agrippés à leur câble que nous enroulâmes autour de nos reins. Nouant le câble, je sentais les cloches frémir. Elles allaient prendre leur envol à trois heures juste. Le Christ sur sa croix devait ouvrir la bouche pour dire sa dernière parole. J'entendis sa voix déjà presque morte: « Sitio! » Il allait permettre à son dernier souffle de s'échapper. Lapin et moi fermâmes les yeux. Quand nous les rouvririons, nous serions à Rome.

Il fut trois heures. Le Christ mourut. Il fut trois heures cinq. Trois heures dix. Trois heures quinze. Le Christ était mort depuis plusieurs minutes, nous étions toujours accrochés aux câbles. Nous étions encore loin de Rome.

— J' crés ben, conclut Lapin, que les cloches sont encore là...

J'avais encore de l'espoir: nous n'étions pas partis, mais peut-être les cloches...

— Allons voir! dis-je.

Les câbles dénoués, nous courûmes, par le grand escalier sombre, au jubé. Peut-être n'était-il pas trop tard?... D'échelle en échelle, de palier en palier, nous grimpâmes dans le clocher. À bout de souffle, la tête lourde de vertige, au bout des échelles, j'atteignis la petite trappe par laquelle j'aperçus, énormes, pesantes, les cloches. Le bronze ne frémissait pas du désir de s'envoler. Elles semblaient de grosses pierres immobiles. Les cloches n'allaient pas à Rome. Telle était la seule vérité. Écrasante.

Mon âme était aussi meurtrie que l'aurait été mon corps s'il était tombé du clocher.

— Après ça, dis-je, j' pourrai pus jamais croire à la religion catholique.

43

Mes larmes n'avaient pas encore séché dans mes yeux lorsque j'arrivai à la maison. On avait trouvé le message qui expliquait mon départ.

— T'es déjà r'venu d' Rome, mon garçon? C'est-i' une ben belle ville? demanda mon père, qui retenait son rire.

Comment trouvai-je la force de ne pas éclater en sanglots? Je n'eus pas celle d'accepter la réalité:

— On est allés à Rome, Lapin pis moé, affirmai-je en criant à mes parents incrédules.

Quelques jours plus tard, ils trouvèrent dans le courrier une lettre ornée d'un magnifique timbre provenant de Rome. Ils reconnurent aussitôt mon écriture appliquée: « Rome est la plus belle ville du monde entier... »

Les fantômes
du temps
des feuilles mortes

Où sont les fantômes d'antan? Sans eux, nous ne pouvons savoir combien profonde est la nuit.

Tous les soirs juste avant le coucher du soleil, le croque-mort traversait le village lentement, très lentement, dans la longue voiture noire d'embaumeur, qui lui servait à transporter les morts à l'église puis au cimetière.

— Monsieur Cassidy, cherchez-vous votre prochain client?

— Albert a dit ça, l'an dernier, et i' est pus là, répondait l'embaumeur.

Imperturbable, M. Cassidy avait l'air de toujours diriger un convoi funéraire. Nous n'osions approcher sa voiture, car nous étions assurés que cet homme-là entretenait des relations mystérieuses avec l'outre-tombe. Cet homme, pensions-nous, devait être heureux en novembre, comme nous l'étions en juin.

Novembre était le mois des morts. Le deuxième jour du mois, petits garçons et petites filles, l'un derrière l'autre, par ordre de taille, nous devions suivre notre institutrice, une religieuse que le vent sur la montagne transformait en oiseau aux grandes ailes noires; son voile et sa robe claquaient dans l'air froid et il nous semblait qu'une force mauvaise voulait l'arracher à la terre. À sa

47

suite, nous pénétrions dans le cimetière. En aucune autre circonstance, nous n'aurions osé franchir la clôture de fer noir qui l'entourait. Nous osions à peine poser le pied sur la terre en dessous de laquelle dormaient les morts. À petits pas prudents, nous suivions le grand oiseau noir qui nous traçait le chemin entre les épitaphes et les tombes. Nous nous faisions si légers que nos semelles courbaient à peine l'herbe jaune. Nous craignions l'accident dont l'ivrogne du village avait été victime.

Croyant, dans son ivresse, entrer à l'auberge, l'ivrogne s'était introduit dans le cimetière, un soir de novembre, jurant et blasphémant. Dieu avait voulu le punir. Il l'avait guidé vers une vieille tombe dont le couvercle était pourri. Le pied de l'ivrogne s'était enfoncé, le mort l'avait saisi à la cheville, il avait délacé la bottine et il avait porté les orteils de l'ivrogne entre ses dents pointues. Ce soir-là, l'ivrogne avait eu si peur qu'il en cessa de boire!

Nous connaissions tous cette histoire que tous nos parents avaient racontée et c'est pourquoi nous marchions si légèrement dans le cimetière.

Chaque soir de novembre, nous retournions prier pour les défunts. L'église était tout à côté du cimetière; nous revenions à la maison en courant et les yeux souvent fermés. La nuit venue, le village appartenait aux morts. Nous ne pouvions en douter et vous auriez pensé de même si vous aviez entendu l'histoire de madame Zanna: elle tremblait et elle était pâle en la racontant à mon père.

Une nuit, madame Zanna avait entendu un bruit au-dessus de sa tête, dans le plafond. Elle réveilla son mari, ils éclairèrent la pièce. Rien. Mais le bruit ne cessait pas. Cela ressemblait au bruit que fait un chien qui ronge un os. Ils n'avaient pas de chien. « C'est le mois des morts », pensa tout à coup le mari. Ils se jetèrent hors du lit et, suffoqués de peur, ils prièrent pour les âmes des morts. Peu à peu, le bruit du plafond diminua et disparut tout à fait. Ils avaient eu si peur qu'ils ne purent se rendormir. Tremblant du froid de la peur, ils attendirent le jour. La lumière chasse les fantômes. Quand il fut midi, armés de chapelets et d'eau bénite, accompagnés des voisins, madame Zanna et son mari osèrent monter au grenier, d'où était venu le bruit, diabolique, au-dessus de leur lit. Ils trouvèrent un os. Un os qui ressemblait à un os d'homme. Nos parents avaient vu cet os. Nous allions les soirs de novembre prier à l'église parce que nous voulions empêcher les âmes des morts de quitter leurs cercueils pour mendier des prières.

Nous connaissions aussi l'histoire du père Grégoire. Il était, comme l'on disait, un fils de notre village devenu missionnaire. De l'Afrique, il écrivait des lettres qui racontaient comment il chassait le diable pour faire entrer Dieu dans le cœur des petits païens. Puis les lettres cessèrent d'arriver. Plusieurs mois plus tard, ses parents apprirent qu'il était disparu dans la brousse, probablement martyrisé puis dévoré par une tribu païenne. Plusieurs années plus tard, seuls les vieux se souvenaient du père Grégoire. Une nuit du mois des morts, le curé fut réveillé par une grande musique d'orgue. Il sauta de son lit, s'enveloppa dans un manteau et courut à l'église, dont il vit, avec surprise, les fenêtres éclairées comme par un grand soleil. Il poussa la porte: l'église était remplie, elle était remplie d'Africains agenouillés. À l'autel, le prêtre qui officiait cette incroyable messe se tourna pour dire: « La paix soit avec vous. » Le curé reconnut le père Grégoire. Le curé fut si étonné qu'il en perdit connaissance. On le trouva, le lendemain, étendu sur un banc, abasourdi, comme un homme ivre et qui sent l'alcool.

Mon père,
ce héros...

Sur la terre, régnait la guerre: « le plus grand conflit de toute l'histoire humaine », avait écrit *L'Action catholique*. Jamais autant d'hommes ne s'étaient battus; jamais les hommes n'avaient porté des armes aussi puissantes; les hommes n'étaient jamais morts en aussi grande multitude. Jamais non plus, ceux qui n'étaient pas au front n'avaient été mieux informés des événements de la guerre. Il suffisait de coller l'oreille contre le gros appareil de radio et l'on pouvait entendre la voix de la guerre comme on aurait entendu, de l'autre côté d'un mur, des gens se quereller.

La guerre faisait aussi ses ravages dans notre village. Si l'on voulait obtenir du beurre au magasin général, ou de la viande, ou du sucre, la loi exigeait que l'on fournisse un nombre réglementaire de coupons. Onésime, derrière son comptoir, impatienté par cette obligation, grommelait en tassant les coupons dans sa poche:

— Oh! si la guerre peut achever, la vie sera pus aussi compliquée!

Des fils du village avaient été appelés sous les drapeaux, comme l'on disait, et envoyés au loin, en Europe, dans les pays de guerre. Nous entendions leur mère renifler, le dimanche à la messe, quand le curé demandait au bon Dieu de « préserver du feu de l'enfer leur âme

53

dont la vie était encore plus en danger que celle de leur corps ». Au sortir de la messe, espionnant la vie entre les divers groupes de parleurs assemblés, mon ami Lapin et moi entendions parfois: « Faut prier pour eux, mais pas trop fort parce qu'i' pourraient r'venir trop vite, pis r'commencer à boire comme des trous, pis à chanter des chansons honteuses qui font rougir les oreilles! »

Si les bras puissants de la guerre venaient cueillir des fils du village, son hideux visage venait hanter le garage de mon père. Jamais je n'oublierai cette affiche, qui faisait face à la photographie agrandie de monsieur Duplessis sur l'autre mur: y était dessiné un groupe d'officiers en uniforme; ils semblaient vêtus d'acier tant ils se tenaient roides. Ils avaient de hautes casquettes ornées d'une croix gammée. Ils étaient décorés de rangées de médailles colorées. Leur tête ressemblait à un crâne de mort. Tous, ils tenaient un revolver dont le canon, tragique couronne, était appuyé sur la tête chauve d'un enfant décharné, décoré, lui, d'une étoile. (Ma conviction inébranlable que la guerre est une persécution des adultes contre les enfants a sans doute été semée là.) J'aurais voulu aider cet enfant à s'enfuir des mains de ses macabres bourreaux. Mais je n'étais qu'un enfant.

Un camion venait de temps à autre ramasser la ferraille. Mon père m'avait expliqué:

— Dans une usine, on va faire fondre la ferraille: comme le sucre quand ta mère fait les confitures. Le fer va devenir liquide et clair comme de l'eau. Ensuite, on va le couler dans des moules pour fabriquer des coques de bateaux, des chars d'assaut, des bombes.

Pour aider à la guerre, les gens donnaient au camion le vieux fer qui encombrait les granges et les greniers: bouts de tuyaux, vieux sommiers, clous rouillés, fers à cheval, seaux percés, faux ébréchées... Lapin et moi allions explorer les digues de roches, ces longs tas de pierres accumulées dans les champs où les fermiers avaient l'habitude d'abandonner à la rouille les outils et les instruments inutilisables ou irréparables. Dans toute la générosité de notre jeune force, nous voulions aider à construire des tanks, des canons, des obus pour détruire ceux qui martyrisaient le petit garçon sur l'affiche. S'il nous arrivait de nous écorcher les mains au métal rouillé, de voir apparaître une goutte de sang, la fierté des héros de guerre nous envahissait.

C'est dans ce contexte que notre maison fut envahie par la pâte dentifrice. Une inondation! L'homme qui faisait, en charrette, le transport entre la gare du chemin de fer et le village déversa chez nous des dizaines de caisses de pâte dentifrice. On les empila dans les placards, derrière les tentures, on en cacha derrière le bahut, sous les lits. Mon père avait réalisé une autre de ses bonnes affaires! Ma mère en doutait; mon père se fit convaincant:

— Cette pâte à dents m'a coûté *rien;* j' vas la r'vendre le *double.*

— Deux fois *rien,* rétorqua ma mère, égale: rien!

Elle avait été institutrice...

Il ne fut pas facile de vendre la pâte dentifrice aux fermiers:

— Mon joual, dit l'un d'eux, i' s'est jamais lavé les dents avec ton produit pis i' a deux rangées de dents plus belles que ton dentier.

Les femmes se montraient intéressées. D'instinct, elles savaient que la beauté exige de tendres soins mais, au moment où elles allaient acheter, le mari intervenait:

— Femme! gaspille donc pas d'argent pour de la broue pendant l' temps d' la guerre. Quand a sera finie, on verra ben...

Mon père avait promis à ma mère que, dans quelques jours, la maison serait libérée des encombrantes caisses de pâte dentifrice parce qu'il aurait tout vendu. Les clients ne l'aidaient guère à remplir sa promesse.

Un soir, le camion qui faisait la cueillette du vieux métal pour la guerre s'arrêta devant notre maison.

— Si tes tubes de pâte à dents t'ont rien coûté, dit ma mère, débarrasse-toé z'en donc.

(Les tubes de pâte dentifrice, alors, étaient faits de plomb malléable.) Mon père sursauta. Il réfléchit un instant et, souriant, triomphant presque, il dit:

— Quand on a une fortune entre les mains, on la jette pas, on l'aide à pousser...

Le lendemain, il décida que je devais l'accompagner dans un de ses voyages. Ce serait une belle journée, me dit-il, car il m'apprendrait quelque chose. Il avait préparé dans sa tête son boniment. Chez les clients, je l'écoutai.

— Bonjour, ma belle dame! À part la guerre mondiale, ça va pas trop mal pour vous, j'espère? C'est triste de penser qu'on est icitte tranquilles, pas d' chicane, quand de l'autre bord, en Urope, le monde se tuse... C'est triste, ma belle dame. L'ennemi, ça me fait rien qu'i' tombe, mais les nôtres... nos propres enfants... Faut pas qu'i' s' fassent tuer, hein ma belle dame... Faut les aider à s' défendre... On peut pas leu' z'envoyer des fusils par la malle royale, mais si le monde envoyait un petit peu de plomb, par exemple, rien qu'un tube de pâte à dents vide... Ma belle dame, ça ferait du plomb pour faire des canons, des bombes, des chars d'assaut... Si j'ai tort, dites-lé moé, ma belle dame...

J'écoutai aussi mon père, le soir, après le souper, sur la galerie de bois qui entourait notre maison. Les hommes du village venaient y fumer, causer et se bercer avec lui. Il décrivait les tanks qu'il n'avait vus que photographiés dans *L'Action catholique,* il les décrivait comme s'il y était né. (J'écoutais; ma mère soupirait.)

— Tu vois l'épaisseur du solage de ma maison: deux bras ouverts. Les côtés des chars d'assaut ont la même épaisseur. Nos soldats sont à l'abri là-dedans... Y a pas une balle qui peut passer au travers de ça. Même l' bon Dieu serait obligé de forcer pour passer au travers. Mais, i' paraît que l'armée manque de chars d'assaut... Ouais, Monsieur... Le monde qui est icitte, en paix, envoie pas assez de plomb... Si toute le monde se donnait la main, et envoyait un peu de plomb, ben, nos soldats s'raient sauvés; c'est avec des gouttes qu'on fait une mer. Si toute le monde donnait rien qu'un tube vide de pâte à dents...

Il se taisait alors, fumait et rêvait. Les hommes avec lui fumaient et rêvaient aussi.

Quelques jours plus tard, il ne restait plus de caisses de pâte dentifrice dans la maison.

À la fin de la guerre, les enfants du village qui n'avaient pas été tués revinrent au bercail. Pour célébrer la victoire et leur retour, l'on organisa une fête. Mon père fut invité à y participer par l'un des anciens combattants.

— Ben sûr, dit mon père, que j'vas aller fêter avec vous autres.

— Toé, dit l'ancien combattant, tu t'es dévoué pour nous autres d'un boutte à l'autre du comté...

— Ça c'est vrai, dit mon père. As-tu r'marqué comme les créatures ont de belles dents blanches?

57

La leçon
d'éducation sexuelle

Depuis que nous avions commencé de fréquenter l'école, Pierrette, dans notre classe, était la plus grande, celle qui s'assoyait dans la dernière rangée à l'arrière, celle qui était toujours la dernière quand nous défilions par ordre de taille dans le village, accompagnés de deux religieuses à qui le vent tentait d'arracher le voile. Pierrette était paisible; elle n'attirait vraiment notre attention que lorsque, dans une phrase de lecture ou dans un exemple de grammaire, il y avait le mot « grande » ou le mot « grosse »; alors toutes les têtes se tournaient vers elle et la classe se remplissait de gloussements sonores; Pierrette rougissait et se taisait. À part cela, Pierrette était comme nous tous, tout simplement une élève parmi les autres; aussi me demandais-je pourquoi, lorsque Pierrette passait, les grands cessaient de crier, posaient le ballon et s'arrêtaient pour la regarder.

Un soir, des hommes du village étaient assis avec mon père, sur la galerie de bois. Avec la fumée de leurs pipes montaient des paroles aussi sombres que la nuit approchante. Ils racontaient comment la vie allait mal dans le monde. Mais ils s'avouaient heureux d'avoir un chef comme Duplessis pour protéger le Québec. Enfant parmi eux, j'écoutais, fasciné par tout le savoir de ces hommes.

— J'ai peur pour l'avenir, dit l'un d'eux. Duplessis est pas éternel comme l' bon Dieu. Qu'est-cé qui va nous arriver quand on aura pus Duplessis avec nous?

Tout à coup, ils se turent. Ils cessèrent de fumer. Sur le trottoir, venait Pierrette. Sans parler, sans fumer, ils l'examinaient. Mon père aussi.

— Fais attention, Pierrette, cria l'un des hommes, tu vas *les* perdre.

Les autres s'esclaffèrent et frappaient leurs grosses mains de travailleurs sur leurs cuisses, pliés, secoués par les rires. Pierrette marcha plus vite, pour fuir.

— Papa, demandai-je, qu'est-ce que Pierrette va perdre?

Les hommes, m'entendant, furent paralysés comme par un coup de tonnerre.

— Cette conversation regarde les hommes, bégaya mon père rougissant.

Les autres, venant à sa rescousse, commencèrent à expliquer pourquoi, sans Duplessis, l'électricité ne se serait « jamais rendue dans les étables ».

Je quittai le groupe des hommes. Qu'est-ce que Pierrette allait bien perdre? Cette question m'obséda bien plus que l'avenir du Québec et la politique de Duplessis: elle m'empêcha de dormir.

Le lendemain, je m'approchai, dans la cour de l'école, du territoire que les grands se réservaient pour jouer au ballon. Quelques minutes plus tard, Pierrette apparut. Les grands interrompirent leur jeu comme si le ballon était devenu une lourde pierre. Leurs yeux suivaient Pierrette, comme si elle avait été le pape. C'était le temps d'intervenir.

— Attention, Pierrette, criai-je, tu vas *les* perdre!

Pierrette détala pour se réfugier dans l'école. L'un des grands ramassa le ballon et me dit avec majesté:

— Tracasse-toé pas, ti-gars, ceux de Pierrette tomberont pas; i' sont attachés solidement. J'ai vérifié personnellement.

Le ballon recommença de sauter, de l'un à l'autre, joyeusement, parmi les éclats de la rigolade. Alors je décidai de rire plus fort que tous les grands. Mais moi, j'ignorais encore ce que Pierrette allait perdre, et ce qui était trop bien attaché.

Pendant des jours, je traquai Pierrette du regard, j'inventai toutes les ruses pour surprendre son secret; je l'espionnai derrière mon livre ouvert, j'apportai un petit miroir dont je me servais comme d'un rétroviseur, je m'embusquai sous l'escalier que Pierrette devait descendre. Toujours Pierrette m'apparaissait comme elle avait toujours été, timide, ronde, rougissante et la plus grande de notre classe. Les grands auraient pu m'expliquer, mais je n'osais étaler mon ignorance tant je craignais leurs moqueries destructrices.

Un matin, pour célébrer une fête religieuse, toute notre classe avait été conduite à l'église. En rang, par ordre de taille, nous étions allés communier. À peine étions-nous retournés à l'école, la religieuse ordonna sèchement à Pierrette de se lever. Rougissant, Pierrette obéit.

— Au lieu d'avoir des attitudes aguichantes, langoureuses et sensuelles pour les hommes de notre paroisse, rugit la religieuse indignée, Pierrette, vous feriez mieux de prier Dieu afin qu'il chasse les mauvaises pensées de votre corps de possédée. Quand on a sur le corps des bosses aussi provocantes, c'est que le Diable est en vous!

Le visage de Pierrette devint encore plus rouge et, brusquement, il fut blanc; elle vacilla, s'écroula.

— Vous voyez, dit la religieuse, le Diable sort de son corps.

Quand je m'approchai de Pierrette évanouie sur le plancher jaune, je ne vis pas le Diable, mais je remarquai, ce que je n'avais jamais remarqué auparavant: Pierrette avait une poitrine aussi gonflée que celle des vraies femmes. Mais pourquoi les grands ne pouvaient-ils continuer à jouer au ballon quand ils l'apercevaient?

Après une longue hésitation, je me confiai à mon ami Lapin.

— Pierrette, aujourd'hui, elle s'est évanouie parce que le Diable lui fait des bosses dans le corps. Deux grosses bosses juste ici!

— Voyons donc! dit Lapin, c'est pas le Diable qui fait ça.

Mon ami Lapin avait une double supériorité sur moi: il était plus âgé et son père travaillait au bureau du gouvernement de Duplessis à Québec. Je compris ce qu'était cette profession quand, après l'école, derrière cette grosse pierre qui nous servait de repaire secret, mon ami Lapin ouvrit un sac de papier sous mes yeux.

— Ça vient du bureau de mon pére.

Il en sortit une douzaine de revues où il n'y avait que des photographies de filles, à toutes les pages, des filles sans vêtements et qui, toutes, étaient habitées par le Diable, puisqu'elles avaient des bosses! Des bosses plus grosses que celles de Pierrette. Ces revues étaient dans mes mains aussi brûlantes que du feu, mais j'avais faim d'apprendre! Je voulais connaître! À chaque page que je tournais, je sentais devant moi la mer de l'ignorance reculer. À chaque image, mon corps cessait d'être celui d'un enfant et je devenais un homme.

— Ces revues viennent des États-Unis, dit Lapin.

64

— J'aimerais ça, moi, vivre aux États-Unis! dis-je, en tournant lentement les pages.

Je découvrais que les États-Unis étaient un pays vraiment extraordinaire puisqu'ils savaient imprimer de si belles revues, tandis qu'au Québec les journaux ne savaient photographier que le cardinal Villeneuve ou Maurice Duplessis avec son vieux chapeau.

— Aux États-Unis, m'expliqua Lapin, les rues sont pleines de filles comme ça!

— I' doit pas y avoir beaucoup de catholiques dans ce pays-là... dis-je.

— Dans la religion des protestants, y a pas de péché...

Comme je ne pouvais tout de suite partir pour les États-Unis et devenir protestant, je retournai normalement à l'école le lendemain. Ce matin-là, je jouai au ballon avec les grands. Quand Pierrette entra dans la cour, je posai le ballon sur le sol et je la regardai passer avec les mêmes yeux que les grands.

Quand l'impôt
crève le plafond

De nouveaux frères et sœurs arrivaient sans cesse; il fallut agrandir notre maison. Avec des mots grossiers qui brûlaient nos âmes d'enfants, les ouvriers écorchèrent notre maison de bardeaux de cèdre, ils enfoncèrent des murs, obstruèrent des fenêtres; à côté du bois nouveau, les planches de cent ans s'éveillaient: cela sentait la bonne forêt comme si la sève avait circulé entre le vieux bois et le jeune bois embouvetés.

Et vint un jour où les ouvriers enlevèrent le toit. À l'heure habituelle, nous nous couchâmes dans nos lits comme nous le faisions chaque soir. Nos lits étaient bien à leur place mais le plafond était le ciel étoilé. Sous les couvertures de laine qui, l'hiver, nous protégeaient des menaces des grands vents, et que notre mère avait sorties du coffre, nous frémissions comme s'il allait nous pousser des ailes. Jamais nous n'avions vu le ciel si grand. À certains moments, je dus me cramponner à mes couvertures pour ne pas basculer dans cet immense puits. Nous avions appris à l'école qu'il y avait plus d'étoiles dans le ciel que de fleurs sur la terre. Chaque pointe d'or au fond du ciel était des milliards de millions de fois plus grosse que moi. Sous le ciel, j'étais un grain de poussière que le moindre vent aurait pu emporter; mes mains s'accrochaient aux couvertures. Tout redevenait bon. J'écoutais

69

la respiration du bon Dieu dans son ciel. Pourquoi n'avait-il pas donné des ailes aux enfants pour planer d'une étoile à l'autre? Encore, mon lit semblait instable, posé sur l'eau bleue de la nuit; de nouveau, je saisissais les draps. Autour de moi, mes frères avaient les petits rires secs de ceux qui ont un peu de peur dans la gorge. Je m'endormis. Le ciel me fut un toit tranquille.

Au matin, je m'éveillai grandi de l'immensité du ciel. Jamais je n'oublierais que vivre sur la terre, c'est vivre sous le ciel. Toujours l'homme m'apparaîtrait moins fait de la terre sous ses pieds qu'issu du ciel au-dessus de sa tête. Il me serait impossible de me voir autrement que sous la forme d'une poussière perdue à la surface du ciel.

Nous fûmes délogés du ciel par les ouvriers avec leurs planches, leurs clous, leurs scies et leurs marteaux. Au bas de l'escalier, dans la cuisine, mon père et ma mère étaient assis à la grande table. Nous nous bousculâmes avec des cris pour raconter la grande aventure. Mon père ni ma mère ne levèrent les yeux. Ils avaient au visage le désespoir. Avaient-ils pleuré? Ils étaient sans paroles, sans gestes, courbés. Sur la table, une lettre dépliée.

— Frauder le gouvernement... grogna mon père.

— Frauder le gouvernement... répéta ma mère.

— Frauder, dit mon père, j'ai jamais appris comment on fait ça.

Mon père était accusé, par le gouvernement, de ne pas avoir payé tout l'impôt qu'il lui devait. Le gouvernement réclamait le solde impayé sous peine d'amende. Mon père voulait payer le matin même. Pour lui, un homme n'était pas homme s'il ne pouvait payer comptant.

Il pensait aussi qu'un homme n'est pas un homme s'il ne construit pas le toit au-dessus de la tête de ses enfants. Nous n'étions pas nés mais, déjà, il allait au loin, derrière les montagnes, chercher l'argent qui le rendrait capable de bâtir une maison semblable à celle du rêve auquel il s'abandonnait souvent en fumant devant sa fenêtre. Le dimanche, il choisissait un tome, toujours le même, d'une série de volumes remplis d'images des pays lointains. Sans jamais lire, il parcourait page à page ces pays où n'existaient pas les tempêtes de neige. Un jour, il s'arrêta devant un temple grec: « Ma femme, dit-il, ça ressemble à la maison que je vous bâtirai un jour. » Souvent par la suite, nous l'avions vu ouvrir ce livre et, dans la fumée de sa pipe, rêver de longues heures au temple grec.

Quand il eut amassé la somme nécessaire, mon père prit le volume sous son bras et se rendit chez l'entrepreneur. Ils avaient passé la journée à palabrer devant le livre ouvert à la page du temple grec.

— Frauder le gouvernement, disait ma mère, comme si on n'était pas honnêtes...

— Frauder, j' sais même pas qu'est-cé que ça veut dire...

Nous, dans l'escalier, interdits par l'accablement de nos parents, nous nous taisions. Tout à coup, mon père s'élança, furieux, vers l'extérieur. Jamais, dans le village, on ne l'avait vu se hâter. Ce matin-là, il courut et l'on s'en souvient encore.

À cette heure, l'entrepreneur s'en venait commencer sa journée. Mon père se planta, les bras ouverts, devant la camionnette bosselée et rouillée qui s'arrêta en crissant de ses vieux freins.

— J'arrête les travaux! hurlait mon père. J'arrête tout!

L'entrepreneur éclata de rire. Mon père était renommé pour ses histoires drôles qu'il rapportait de l'autre côté des montagnes (et qu'il ne racontait jamais à la maison); pour l'entrepreneur, cette farce d'interrompre les travaux, quand il n'avait pas encore construit le toit de la maison, était vraiment très comique.

— Tu vas avoir la seule maison sans toit de tout le comté! C'est ben pratique: pas besoin de pelleter l' toit en hiver!

L'entrepreneur avait le visage rouge de rire.

— J'arrête les travaux!

Mon père criait tant qu'il en avait les larmes aux yeux. Les femmes étaient sorties sur les galeries et s'attardaient à faire semblant de s'occuper. Voyant pleurer mon père, l'entrepreneur n'osa plus croire à une farce. Il fit taire le moteur de la camionnette. Mon père monta s'asseoir près de lui.

À travers le pare-brise, sur lequel se réverbérait le soleil dans la poussière et la boue, l'on ne pouvait apercevoir que l'ombre des deux hommes. Les enfants n'osaient pas s'approcher et les femmes peu à peu rentrèrent.

Puis mon père sortit de la camionnette, qui, avec un bruit de ferraille, s'agita, tourna et remonta la colline, penaude. Mon père revint prendre sa place à la table où l'attendait ma mère, devant la lettre du gouvernement. Ils ne se parlèrent pas.

Quelques minutes plus tard, l'entrepreneur entra dans la maison: timide, sans saluer, sans un regard à mon père ou à ma mère, il déposa une enveloppe bourrée sur la table et il sortit comme il était entré. Les doigts de mon père, brunis par le tabac, éventrèrent l'enveloppe; il en sortit des billets de diverses couleurs qu'il poussa de la main vers ma mère. Elle les compta soigneusement, avec piété presque.

— À cette heure, ordonna mon père, tu vas écrire au gouvernement des Impôts, à Ottawa: « Dans les pays d'icitte, on sait payer mieux que frauder... »

Pendant ce temps-là, les ouvriers démontaient les échafaudages dont ils jetaient les pièces dans la vieille camionnette de l'entrepreneur.

— Des murs sans toit... chicanaient-ils...

— ...c'est comme un homme pas de tête...

En septembre, les nuits n'ont pas la chaleur de juillet. Les villageois défilèrent devant notre maison, essayant de voir sans regarder.

Mon père s'apprêta aussitôt à partir, dans sa Ford noire, pour l'autre côté des montagnes. S'amena le gérant de la banque: on l'avait informé de notre malheur. Il s'était empressé de venir offrir son aide. Mon père lui répondit sèchement:

— Un homme qui prend l'argent des autres, c'est un voleur. Su' ma maison, j' vas construire mon toit avec mon argent que j'aurai gagné par mon travail à la sueur de mon front. Merci ben.

— J' voulais pas t' faire d' la peine. Même l' bon Dieu a emprunté: l' a emprunté une mère...

— I' l'a pas empruntée à ta banque...

Mon père était monté dans sa voiture.

Par les fenêtres de nos chambres sans plafond, sans toit, nous avons contemplé la Ford, levant un nuage de poussière, sur la route de gravier qui, selon les collines ou les arbres, apparaissait et s'effaçait. Mon père avait dit:

— J' vas r'venir avec le toit.

— Et si i' mouille? avait demandé ma mère. Les enfants...

— Une p'tite pluie, ça fait pas d' tort à c' qui pousse!

Cette nuit-là, couché sous le toit de la grande nuit, je ne rêvai pas que je volais comme un oiseau. Une grande inquiétude affola mon cœur. Était-ce déjà l'inquiétude de l'homme qui interroge la nuit sans rien savoir, sans rien comprendre?

73

Une abominable
feuille d'érable
sur la glace

Les hivers de mon enfance étaient des saisons longues, longues. Nous vivions en trois lieux: l'école, l'église et la patinoire; mais la vraie vie était sur la patinoire. Les vrais combats se gagnaient sur la patinoire. La vraie force apparaissait sur la patinoire. Les vrais chefs se manifestaient sur la patinoire. L'école était une sorte de punition. Les parents ont toujours envie de punir les enfants et l'école était leur façon la plus naturelle de nous punir. De plus, l'école était un endroit tranquille où l'on pouvait préparer les prochaines parties de hockey, dessiner les prochaines stratégies. Quant à l'église, nous trouvions là le repos de Dieu: on y oubliait l'école et l'on rêvait à la prochaine partie de hockey. À travers nos rêveries, il nous arrivait de réciter une prière: c'était pour demander à Dieu de nous aider à jouer aussi bien que Maurice Richard.

Tous, nous portions le même costume que lui, ce costume rouge, blanc, bleu des Canadiens de Montréal, la meilleure équipe de hockey au monde; tous, nous peignions nos cheveux à la manière de Maurice Richard et, pour les tenir en place, nous utilisions une sorte de colle, beaucoup de colle. Nous lacions nos patins à la manière de Maurice Richard, nous mettions le ruban gommé sur nos bâtons à la manière de Maurice Richard. Nous découpions dans les journaux toutes ses photographies. Vraiment nous savions tout à son sujet.

Sur la glace, au coup de sifflet de l'arbitre, les deux équipes s'élançaient sur le disque de caoutchouc; nous étions cinq Maurice Richard contre cinq autres Maurice Richard à qui nous arrachions le disque; nous étions dix joueurs qui portions, avec le même brûlant enthousiasme, l'uniforme des Canadiens de Montréal. Tous nous arborions au dos le très célèbre numéro 9.

Un jour, mon chandail des Canadiens de Montréal était devenu trop étroit; puis il était déchiré ici et là, troué. Ma mère me dit: « Avec ce vieux chandail, tu vas nous faire passer pour pauvres! » Elle fit ce qu'elle faisait chaque fois que nous avions besoin de vêtements. Elle commença de feuilleter le catalogue que la compagnie Eaton nous envoyait par la poste chaque année. Ma mère était fière. Elle n'a jamais voulu nous habiller au magasin général; seule pouvait nous convenir la dernière mode du catalogue Eaton. Ma mère n'aimait pas les formules de commande incluses dans le catalogue; elles étaient écrites en anglais et elle n'y comprenait rien. Pour commander mon chandail de hockey, elle fit ce qu'elle faisait d'habitude; elle prit son papier à lettres et elle écrivit de sa douce calligraphie d'institutrice: « Cher Monsieur Eaton, auriez-vous l'amabilité de m'envoyer un chandail de hockey des Canadiens pour mon garçon qui a dix ans et qui est un peu trop grand pour son âge, et que le docteur Robitaille trouve un peu trop maigre? Je vous envoie trois piastres et retournez-moi le reste s'il en reste. J'espère que votre emballage va être mieux fait que la dernière fois. »

Monsieur Eaton répondit rapidement à la lettre de ma mère. Deux semaines plus tard, nous recevions le chandail. Ce jour-là, j'eus l'une des plus grandes décep-

— Si tu gardes pas ce chandail qui te fait bien, il va falloir que j'écrive à M. Eaton pour lui expliquer que tu veux pas porter le chandail de Toronto. M. Eaton, c'est un Anglais; il va être insulté parce que lui, il aime les Maple Leafs de Toronto. S'il est insulté, penses-tu qu'il va nous répondre très vite? Le printemps va arriver et tu auras pas joué une seule partie parce que tu auras pas voulu porter le beau chandail bleu que tu as sur le dos.

Je fus donc obligé de porter le chandail des Maple Leafs. Quand j'arrivai à la patinoire avec ce chandail, tous les Maurice Richard en bleu, blanc, rouge s'approchèrent un à un pour regarder ça. Au coup de sifflet de l'arbitre, je partis prendre mon poste habituel. Le chef d'équipe vint me prévenir que je ferais plutôt partie de la deuxième ligne d'attaque. Quelques minutes plus tard, la deuxième ligne fut appelée; je sautai sur la glace. Le chandail des Maple Leafs pesait sur mes épaules comme une montagne. Le chef d'équipe vint me dire d'attendre; il aurait besoin de moi à la défense, plus tard. À la troisième période, je n'avais pas encore joué; un des joueurs de défense reçut un coup de bâton sur le nez, il saignait; je sautai sur la glace: mon heure était venue! L'arbitre siffla; il m'infligea une punition. Il prétendait que j'avais sauté sur la glace quand il y avait encore cinq joueurs. C'en était trop! C'était trop injuste!

C'est de la persécution! C'est à cause de mon chandail bleu! Je frappai mon bâton sur la glace si fort qu'il se brisa. Soulagé, je me penchai pour ramasser les débris. Me relevant, je vis le jeune vicaire, en patins, devant moi:

— Mon enfant, ce n'est pas parce que tu as un petit chandail neuf des Maple Leafs de Toronto, au contraire des autres, que tu vas nous faire la loi. Un bon jeune homme ne se met pas en colère. Enlève tes patins et va à l'église demander pardon à Dieu.

Avec mon chandail des Maple Leafs de Toronto, je me rendis à l'église, je priai Dieu; je lui demandai qu'il envoie au plus vite des mites qui viendraient dévorer mon chandail des Maple Leafs de Toronto.

Les renards
demandent
de l'eau fraîche

On nous disait que, dans les grandes villes, des grosses dames riches n'achetaient pas de manteaux de fourrure s'ils n'étaient pas faits avec celle de nos renards. Ces dames riches trouvaient à nos renards un « luisant » dont étaient dépourvus les renards du reste du monde. Aussi nos renards étaient-ils, dès leur naissance, réservés pour le manteau de l'une ou de l'autre de ces dames riches. Les éleveurs se moquaient souvent d'elles en jetant la charogne aux bêtes: « Tiens, une pelletée de tripes pour la grosse madame... » Un renard est un renard, après tout, et pourquoi le bon Dieu avait-il fait des renards plus beaux chez nous qu'ailleurs?

Les hommes, dans l'attente de la fin de l'hiver, parlaient de ces choses en fumant la pipe; monsieur Josaphat dit:

— Moé, j' penserais que not' fourrure est plus belle que n'importe ioù, à cause de l'eau qu'on donne à nos renards.

Sa conviction déclencha quelques rires, mais les hommes tirèrent sur leurs pipes et mirent dans leurs regards toute leur moquerie. Monsieur Josaphat, troublé par sa propre opinion, fut un instant interloqué, il se sentit blêmir et il sortit furieux. Ceux qui n'avaient pas osé rire, maintenant s'esclaffèrent.

85

Monsieur Josaphat était le plus gros éleveur de renards, celui qui avait le plus grand nombre de cages grillagées: quand on entendait, le soir, hurler les bêtes captives, on avait l'habitude de dire: « Encore les renards de monsieur Josaphat... » Les mères priaient que les bêtes ne s'enfuient pas des cages, car il y avait toujours des enfants quelque part. L'autre éleveur important, Ferdinand Chapeau, possédait quelques cages de moins, mais chaque année il en construisait de nouvelles et achetait de nouvelles mères. Il ambitionnait qu'un jour monsieur Josaphat se vende à lui; il deviendrait ainsi le seul éleveur.

Les renards de monsieur Josaphat et les renards de Ferdinand Chapeau buvaient la même eau. Leurs cages étaient construites sur des terrains contigus. Au milieu, entre les cages, un bassin naturel était toujours rempli d'eau fraîche, l'été comme l'hiver. Durant toute l'année, les renards de monsieur Josaphat et ceux de Ferdinand Chapeau se délectaient de la meilleure eau. Les villageois avaient l'habitude de dire que l'eau qu'ils buvaient était moins délicieuse que celle des renards: « La preuve, disait un farceur en ouvrant sa chemise, mon poil est moins luisant que celui des renards! » Chacun leur tour, monsieur Josaphat et Ferdinand Chapeau venaient au bassin avec leurs deux chevaux qui tiraient un traîneau fait de grosses pièces de cèdre chevillées; ils remplissaient deux ou trois tonneaux d'eau précieuse, ils retournaient aux cages et vidaient les tonneaux dans les auges de bois. Les renards criaient de plaisir avec de sinistres sourires.

En ce temps-là, monsieur Josaphat pensait que l'eau n'était utile qu'à désaltérer les renards; il n'avait pas encore compris que l'eau contenait un ingrédient magique qui donnait à la fourrure des renards des reflets semblables à la douceur brillante de l'eau. Mais il venait de comprendre d'un seul coup: une illumination. Il n'en pouvait plus douter maintenant. Comment avait-il pu élever des renards pendant tant d'années sans savoir que la splendeur de leur fourrure provenait de son eau? Son eau était une véritable richesse.

Depuis plusieurs années, s'il laissait Ferdinand Chapeau puiser l'eau dans son bassin, ce n'était pas par générosité, c'était par ignorance. Cette eau miraculeuse pour la fourrure des renards lui appartenait. Cette eau avait embelli les fourrures de Ferdinand Chapeau pendant des années et Ferdinand Chapeau ne lui avait jamais rien donné en retour. Il ne lui donnerait jamais rien. Ferdinand Chapeau avait offert au boucher d'acheter tous ses déchets; si le boucher avait accepté, monsieur Josaphat aurait été forcé d'approvisionner ses renards au village voisin, ou plus loin. Voilà ce qu'était ce Ferdinand Chapeau à qui, depuis des années, monsieur Josaphat fournissait l'eau généreusement. Grâce à cette eau, reçue sans jamais payer, Ferdinand Chapeau se pavanait en se flattant d'avoir les plus beaux renards du village. Ferdinand Chapeau prospérait. Ne s'était-il pas déjà vanté qu'il pourrait bientôt acheter l'entreprise de monsieur Josaphat? Qu'aurait donc été Ferdinand Chapeau sans son eau?

Ce jour-là, quand il alla, comme d'habitude, remplir ses tonneaux au bassin, Ferdinand Chapeau fut renversé par ce qu'il vit: une clôture entourait le bassin; une affiche était apposée: « Il est officiellement interdit de prendre de cette eau privée sous peine de lettre d'avocat payable par le receveur. Signé: le propriétaire. »

Ferdinand Chapeau eut beau tracer des lignes, trouver des repères, des bornes sous la neige, se rappeler que les chevaux de son père et de son grand-père allaient

87

boire dans l'eau du bassin de monsieur Josaphat, il eut beau lire et relire les documents notariés et des formules gouvernementales, le sort en était fixé: l'eau appartenait au terrain de monsieur Josaphat.

Un fermier de l'autre extrémité du village, qui avait trop d'enfants et qui s'était endetté à l'auberge du village, se laissa convaincre, par Ferdinand Chapeau, de lui vendre de l'eau. Pendant les jours qui suivirent, l'on vit ses deux chevaux tirer le traîneau et les trois tonneaux dans la rue du village; il ne levait pas les yeux. Cet homme en colère fouettait ses bêtes sans arrêt. Les enfants l'entendirent grommeler des mots qu'ils n'osèrent répéter à leurs parents.

Tous les villageois ne comprenaient pas la décision de monsieur Josaphat. Il dut expliquer: « Y a personne qui a le droit de récolter ton avoine, y a personne qui a le droit de prendre ton joual, y a personne qui a le droit de prendre ta femme; y a personne qui a le droit de prendre ton eau. » Quelquefois, quand il savait Ferdinand Chapeau parti à la recherche de l'eau, monsieur Josaphat s'approchait de ses cages. Il lui semblait que la fourrure des renards de Ferdinand Chapeau se ternissait.

Puis vint le printemps. L'air devenant chaud, les renards exigèrent plus d'eau. Monsieur Josaphat ajouta un cadenas à la petite porte qui s'ouvrait sur la source. Ferdinand Chapeau de nouveau étudia les limites, les bornes, releva la ligne de clôture, analysa les servitudes rattachées depuis l'origine à la possession des terrains; nul doute n'était possible: monsieur Josaphat était inattaquable.

En juin, la terre avait absorbé les eaux du printemps. Pour Ferdinand Chapeau, il était temps de chercher une source sur son propre terrain. Il était depuis plusieurs jours à la recherche d'un discret bouillonnement d'eau à la surface, un petit trou d'eau qui ne serait pas une mare boueuse. Tout à coup, il découvrit, entre des rochers, un filet creusé dans la mousse: l'eau coupait les doigts tant elle était froide. Cette eau vivante était tout aussi belle que l'eau de monsieur Josaphat. Pour être aussi pure, elle courait, cette eau, mais vers où? Elle disparaissait aussitôt pour s'insinuer sous terre. Et aller où? Ferdinand Chapeau examina la conformation du terrain. Sous les buttes, l'eau, l'eau de Ferdinand Chapeau, en son courant souterrain, coulait, frémissante, toute fraîche, se précipitait vers le bassin de monsieur Josaphat.

Avec beaucoup de discrétion, Ferdinand Chapeau, très tôt le matin suivant, remonta vers sa source avec une pioche, une pelle et un sac de ciment. Quand monsieur Josaphat se rendit à son bassin remplir ses tonneaux, l'eau n'y venait plus. Son bassin se vidait. Le surlendemain, la terre au fond du bassin commença à se craqueler tant elle était sèche. Les renards avaient soif.

Le fermier de l'autre extrémité du village, qui avait trop d'enfants et qui s'était endetté à l'auberge du village, accepta de vendre de l'eau à monsieur Josaphat. Il la paya plus cher que ne la payait Ferdinand Chapeau, un « fidèle client de longue date », insista le fermier.

Pendant l'été, monsieur Josaphat et Ferdinand Chapeau, avec leurs chevaux, leur charrette à deux roues et leurs tonneaux, se rencontraient parfois; ils ne se voyaient pas.

— Après son propre sang, expliquait monsieur Josaphat quand il allait au magasin général, ce qu'un homme a de plus précieux, c'est son eau. I' faut pas la gaspiller en la donnant à n'importe qui.

Au magasin général, Ferdinand Chapeau se gardait bien de triompher.

— L' bon Dieu a toujours dit aux hommes de partager; parce qu'i' a refusé de partager, Josaphat a été puni de sécheresse. Si i' montrait un peu de générosité, peut-être que l'eau r'commencerait à déborder de sa source, par miracle.

Monsieur Josaphat n'avait pas envie d'être généreux et Ferdinand Chapeau avait trop d'honneur pour rendre l'eau à un homme qui refuserait de la partager.

Cet été-là fut sec. On n'avait pas vu ça depuis des années. L'herbe était brûlée; les feuilles aux arbres étaient ridées. L'homme qui avait trop d'enfants et qui s'était endetté à l'auberge, entre deux ivresses, s'aperçut que les deux éleveurs de renards asséchaient son puits. Ils le trouvèrent un matin devant son puits, carabine à la main. Ce jour-là, les renards se passèrent de boire. On les entendit se plaindre.

— J' l' sais, moé, iousqu'y a de l'eau, déclara Ferdinand Chapeau au magasin général.

Ces paroles furent rapportées à monsieur Josaphat, qui répondit:

— J'aime mieux avoir un bassin vide que d'avoir un bassin rempli avec de l'eau trouvée par Ferdinand Chapeau.

À l'automne, les acheteurs des grandes usines vinrent dans leurs grosses voitures et repartirent sans acheter de fourrures. En novembre, après les grosses gelées, l'on apprit qu'il fallait tuer les renards de monsieur Josaphat ainsi que ceux de Ferdinand Chapeau: ils avaient attrapé une maladie dans de la mauvaise eau.

Les cages grillagées devinrent muettes mais l'âcre odeur des renards persistait sous la première neige. Monsieur Josaphat et Ferdinand Chapeau entreprirent de démembrer les cages, avant les premières tempêtes.

Afin de ne pas se voir, ils se tournaient le dos pour travailler.

Un matin, l'eau revint au bassin de monsieur Josaphat. Elle y faisait fondre la neige.

Voyant cette catastrophe, Ferdinand Chapeau se jura qu'il n'attendrait pas le printemps pour remonter à la source et y jeter des pierres et du ciment.

Un grand chasseur
de fauves

Quand les chasseurs racontent comment ils ont surpris la bête par ruse, ou comment elle est venue à eux conduite par sa propre bêtise, il suffit de voir le feu qu'ils ont à la bouche et aux yeux pour apprendre que tuer procure une grande joie.

J'aimais les récits de Louis Grands-pieds. Il n'en raconterait plus jamais. Ce jour-là, nous le conduisions au cimetière. Mon ami Lapin, tenant l'encensoir, et moi, l'eau bénite, tout dignes dans nos soutanes noires et nos surplis de dentelle empesés, conduisions le cortège vers l'emplacement que le sacristain nous avait indiqué.

Depuis des années, Louis Grands-pieds était atteint d'une maladie incurable. Il ne se levait guère avant midi. Toute la journée, il tirait derrière lui le poids de son lit. On n'osait lui reprocher sa paresse; un homme a le droit d'être triste et courbé et fatigué.

Mais venait la saison de chasse! Alors Louis se levait longtemps avant le soleil, il s'habillait de laine et sautait dans sa voiture qui avait des ailes en traversant le sommeil des villages sur une route de gravier, tout en courbes, en cahots et en bosses. Sous la nuit, quand commençait à apparaître l'herbe jaunie, très pâle à cause du givre et de la lumière grise, Louis descendait de sa voiture et passait de l'autre côté ouvrir la portière comme à une dame; il prenait sa carabine.

Doucement, sans chanter, sans accrocher les branches, il s'engageait dans la forêt tout imprégnée de nuit. Ce sentier lui était si familier qu'il aurait pu arriver au bout les yeux fermés. Vers la fin, la terre était plus molle. À travers le caoutchouc des bottes, il sentait la mousse; le lac était proche. Il reconnaissait l'odeur de l'eau mélangée à celle de la nuit. Tous les matins, depuis plusieurs automnes, Louis Grands-pieds passait par là. Avant d'apercevoir le lac, il prenait une gorgée de brandy. Pendant qu'il marchait sous les branchages, le jour s'était approché dans le ciel. Le lac exhalait une fumée blanche semblable à celle qui sortait de la bouche de Louis. C'est à ce lac que venaient boire les animaux. Il y avait vu des castors nager d'une souche à l'autre. Quelques fois il avait vu des empreintes de sabots: ceux d'un orignal, ou d'un chevreuil. Chaque matin, Louis Grands-pieds regrettait d'être venu si tard: « C'est en pleine nuit que les orignaux sont venus boire », pensa-t-il, en cherchant des yeux une souche qui avait pris la forme d'une chaise, avec un dossier, quand l'arbre avait été abattu. Louis avait l'habitude de s'asseoir à cet endroit pour attendre le gibier qui viendrait certainement boire un jour. Personne d'autre que lui ne connaissait ce refuge.

Il but un peu de brandy. Il avait découvert cet endroit quand il était enfant et il y était toujours revenu. Le soleil montait dans le ciel, il le voyait à travers les feuilles dont les couleurs vives se réveillaient. Il y eut un clapotement dans l'eau. Une grenouille. C'est par milliers qu'elles étaient dans ce lac. Louis avait posé sa carabine dans la mousse, près de la souche. Il tenait à la main sa fiole de brandy pour attiser en lui un feu délicieux qui chassait le froid de ce matin d'automne. Une autre grenouille sauta dans l'eau. Puis une branche se cassa. Une autre grenouille! Celle-là sautait dans les branches! Louis Grands-pieds leva le regard. À vingt pas, la tête et les bois parmi les feuilles séchées, un orignal regardait Louis avec ses yeux de vieil homme. Louis fut paralysé. Puis, au lieu de saisir la carabine, Louis Grands-pieds n'eut qu'une idée, offrir sa fiole de brandy à cet animal aux yeux tristes. Il fit cependant ce qu'un chasseur est né pour faire. Il ramassa sa carabine et tira. Le matin se cassa comme un verre de cristal.

Louis avait-il fermé les yeux avant de tirer? Quand il entendit son coup de feu, il savait qu'il ne voulait pas tuer cet orignal, cette bête vivante, respirante, il ne voulait pas mettre à mort cette tête au regard si humain. L'orignal détala. Louis but une gorgée de brandy. Grimpé sur sa souche, il regarda où l'orignal lui était apparu. L'eau du lac semblait une glace très douce entre les souches et les troncs immergés. Louis but encore du brandy. Le reflet des choses peu à peu teignit en sombre l'eau tranquille.

Pourquoi Louis Grands-pieds n'avait-il pas voulu tuer son orignal? Il était trop bon. Il avait été un bon enfant, il n'avait jamais arraché les moustaches aux chats, il n'avait jamais arraché les pattes aux mouches, il n'avait jamais fait fumer un crapaud, il n'avait jamais mis le pied sur une fleur. Louis était trop bon, il était pris dans sa bonté comme un papillon dans son cocon. C'est ce cocon qui l'avait retenu de tirer. Les autres hommes du village, chaque automne, paradaient avec leurs chevreuils et leurs orignaux exhibés sur les voitures. Louis avait à peine osé regarder l'animal. S'il avait tiré sur l'orignal, c'était pour le faire déguerpir.

Louis vida sa fiole de brandy. Sur sa souche, dans cet endroit de parfums et de silence, il décida qu'il ne serait plus bon. Il se jura de tuer l'orignal.

97

Chaque matin, cet automne-là, et jusqu'aux neiges profondes, il revint à cet endroit, guetter, attendre, carabine à la main. Plus l'automne avançait, plus il arrivait tôt près du lac où l'orignal ne pouvait pas ne pas revenir boire. L'hiver étendit ses gisées blanches. Et l'orignal resta invisible.

Son incurable maladie reprit Louis Grands-pieds, mais ni les poudreries blanches de février, ni le soleil de juillet n'effacèrent dans sa mémoire l'image du gros orignal qu'il n'avait pas abattu parce qu'il était trop bon.

À l'automne suivant, dès le premier jour de la saison de chasse, Louis se leva longtemps avant l'aube. Il traversa les villages familiers que la nuit effaçait complètement sur les montagnes, il suivit la petite route de gravier, et retrouva le sentier vers le lac. Louis marcha du pas d'un chasseur dont la balle saura trouver le cœur de sa victime. La nuit était encore noire. Bientôt, la lumière se réveillerait. Dans ce premier trait d'aube, les bêtes sortiraient pour venir boire l'eau fraîche.

Louis marchait. La nuit, contre son oreille, semblait avoir la respiration d'une bête traquée.

Louis s'était efforcé d'apprendre à n'être plus bon. Il but du brandy. Dans la clairière. Sa souche en forme de fauteuil était à sa place, grise, parmi les hautes herbes brunies. Il s'assit, but une gorgée de brandy. Dans ce beau matin qui devait ressembler au premier matin que Dieu avait fait pour l'homme, Louis détesta sa bonté. Quand l'orignal viendrait, il tirerait.

Près de l'étang, des feuilles sèches se froissent. Des branches craquent. L'orignal.

Louis Grands-pieds épaule sa carabine.

Il est trop bon. Il hait sa bonté.

Louis Grands-pieds tuera cet orignal un autre jour.

L'orignal lape l'eau claire.

Louis Grands-pieds pose son fusil dans la mousse.

Il boit une gorgée de brandy.

Sur le chemin de cailloux menant au cimetière, dans un silence qui serrait la gorge, j'avais entendu la voix traînante de Louis Grands-pieds raconter, comme tant de fois, cette histoire. Mon ami Lapin l'avait aussi entendue puisqu'il chuchota:

— Si Louis Grands-pieds a jamais été capable de tirer sur un orignal qui a été fait pour être tué, veux-tu me dire pourquoi i' a été capable de s'envoyer une balle dans sa propre tête?

Le curé, qui portait la croix de procession, nous ordonna, à travers les mots de sa prière latine:

— Taisez-vous, petits sans respect!

Je me rappelle bien cette grise journée; c'en fut une durant laquelle nous ne parlâmes plus du tout.

Nous écoutâmes les récits de Louis Grands-pieds.

Quelle langue
les ours
parlent-ils?

Selon le rite matinal, auquel nous nous soumettions avec plus de conviction qu'à celui de réciter nos prières au saut du lit, nous nous précipitions aux fenêtres pour nous y attarder, contemplatifs, silencieux, de longs instants. Pendant ce temps notre mère, à la cuisine, s'impatientait car nous serions en retard... Elle craignait toujours que nous ne fussions en retard... La vie était là, tout autour de nous, et au-dessus de nous, vibrante, lumineuse, remplie d'arbres; elle offrait des champs pleins de marguerites et menait à des collines où se cachaient de grands mystères.

L'histoire commence, ce matin-là, par les affiches. Des affiches avaient été apposées, pendant la nuit, sur les poteaux de bois qui supportaient les fils électriques.

— Y a des affiches! Des affiches!

Annonçaient-elles le passage de lutteurs velus? De chanteurs du Far West? D'hommes forts capables de soulever des chevaux sur leurs épaules? D'artistes comiques qui avaient « fait crouler de rire l'Amérique entière »? Un champion international de la danse à claquettes? Un avaleur d'épées? Des affiches! Nous aurions peut-être le droit d'aller voir un drame sur la scène de la salle paroissiale, si le curé déclarait en chaire que le drame n'était pas immoral et si nous avions su gagner avec

103

débrouillardise le prix du billet. Des affiches! Les artistes photographiés, peu à peu, allaient descendre des affiches et venir habiter nos rêves, hanter nos jeux et nous accompagner, invisibles, dans nos expéditions.

— Y a des affiches!

Nous n'avions pas le droit de courir vers les affiches pour lire en frémissant leurs merveilleux messages; c'était contre la loi maternelle de mettre le pied dehors sans s'être d'abord lavés et peignés. Après nous être soumis à cette douloureuse obligation, nous pûmes apprendre que nous verrions, en chair et en os, l'insurpassable Dr Schultz, ex-chasseur en Afrique, ex-directeur de zoos dans les contrées d'Europe, ex-dompteur de lions, ex-chasseur d'éléphants et ex-champion d'Allemagne, d'Autriche et du Royaume-Uni à la lutte libre, dans un spectacle incroyable, insurpassable, « presque inimaginable ». Le Dr Schultz montrerait des chiens équilibristes sur des boules, des lapins-clowns, des singes savants, des poules qui savaient additionner et soustraire; de plus le Dr Schultz affronterait un ours sauvage dans un combat de lutte « inégal entre les forces féroces de la nature et la ruse de l'humaine intelligence, dont l'issue pourrait être fatale pour l'un ou l'autre des protagonistes ».

Nous avions déjà vu des ours, mais morts, la bouche sanglante, les crocs brillants. Les chasseurs aimaient raconter comment leur était apparue la victime: « ...debout, marchant quasiment comme un homme, mais un homme gros et poilu comme un ours, pis ça v'nait vers moé en grognant comme l' tonnerre, mais quand l' tonnerre est loin darrière le ciel, avec des griffes au bout des mains comme des couteaux, et pis, quand j'ai tiré, i' a pas bougé plus que si un maringouin y était passé dans l' poil. C'est à la dixième balle que je l'ai vu pencher. » Des bûcherons aussi avaient aperçu des ours, et certains, racontait-on, avaient eu si peur que les cheveux leur en étaient blanchis.

Le Dr Schultz allait risquer sa vie, devant nous, en se mesurant à cette bête impitoyable. Nous verrions, de nos propres yeux, en vie, là, devant nous, non seulement un ours, mais un homme lutter contre un ours. Nous verrions ça!

Une voix qui couvrit le village entier, une voix agrandie par les haut-parleurs annonça que le grand jour était arrivé: « Enfin vous pourrez voir, en personne, l'insurpassable Dr Schultz, l'homme qui a le plus de cicatrices au monde, et son ours, un ours de plus en plus féroce à l'approche de la saison des amours! »

Nous vîmes s'avancer un vieil autobus jaune, couvert d'étoiles peintes en rouge, qui tirait une remorque sur les côtés de laquelle nous réussîmes à lire: DR SCHULTZ' AND ASSOCIATES UNIVERSAL WONDER CIRCUS LTD. Tout cela était bardé de tiges de fer s'emmêlant, se croisant, se nouant, et cadenassées. Un filet de chaînes clinquantes ajoutait à la sécurité. Entre les messages, une musique fêlée faisait s'ouvrir les rideaux aux fenêtres et attirait les enfants dehors. Le cortège magique s'engagea sur le terrain où, l'été, nous jouions à la balle. Le moteur grondait, l'autobus avançait, reculait, hésitait. Enfin, il trouva sa place et le moteur se tut. Un homme sortit de l'autobus. Il s'arrêta sur le marchepied; nous étions vingt, trente enfants qui avions suivi le cirque: il nous considéra en souriant.

— Hi! kids, dit-il.

Il ajouta autre chose, en des mots d'une langue que nous n'avions jamais entendue.

— Ou ben i' parle ours, dit mon ami Lapin, ou ben i' parle anglais.

— Si on comprend pas, conclus-je, ça doit être de l'anglais.

Sur le marchepied, l'homme parlait encore; dans sa langue étrange il semblait poser des questions. Sans comprendre, nous l'écoutions, ahuris de voir le Dr Schultz, en personne, vivant, sorti des affiches.

— C'est l' français qu'on parle icitte, cria l'un de nous.

Le Dr Schultz dit encore, en souriant, quelque chose que nous ne comprîmes pas.

— On devrait aller chercher monsieur Rancourt, proposai-je.

M. Rancourt était allé se battre, en Europe, pendant la Première Guerre mondiale, et il avait dû apprendre l'anglais pour pouvoir suivre les soldats de son armée. Je courus donc chercher M. Rancourt. Haletant derrière sa grosse bedaine, il se hâta le plus qu'il pouvait. Il avait hâte de parler cette langue. Il ne l'avait pas parlée depuis tant d'années qu'il n'était pas sûr, me dit-il, de s'en rappeler encore. Dès qu'il aperçut l'homme du cirque, il me dit: « Je vas essayer d' l' saluer en anglais. »

— *Good day sir! How you like it here to day?* (« J' m'en rappelle jubila M. Rancourt, criant de joie, j'ai pas oublié. »)

Le Dr Schultz s'avança vers M. Rancourt en lui tendant la main. Une main gantée de cuir, en plein été...

— C'est à cause des morsures d'ours, m'expliqua mon ami Lapin.

— I' paraît que les Anglais, c'est ben frileux, dit un de nos amis dont la sœur de sa mère avait une cousine qui travaillait dans une maison d'Anglais en Ontario.

L'homme du cirque et M. Rancourt parlèrent comme deux vieux amis qui se retrouvent après plusieurs années. Ils riaient même. En anglais, M. Rancourt riait

106

d'une manière spéciale: « un vrai rire anglais », évaluâ-mes-nous en chuchotant. En français, M. Rancourt ne riait jamais, il était bourru. Nous les écoutions, bouche bée. Cette langue anglaise que nous avions entendue à la radio, dans les intervalles entre les stations françaises, en tournant le bouton de syntonisation, nous l'entendions pour de vrai, dans la vie, dans notre village, parlée par deux hommes debout dans le soleil. J'observais: au lieu de parler normalement, comme en français, au lieu de jeter leurs mots en dehors de leurs lèvres, les deux hommes avalaient leurs paroles. Mon ami Lapin avait remarqué la même chose car il dit:

— On dirait ben qu'i' sont étouffés.

Tout à coup, quelque chose fut renversé dans la re-morque, on entendit tinter des chaînes, une bosse gonfla la bâche et nous vîmes surgir une boule noire, la tête d'un ours.

Le Dr Schultz et M. Rancourt avaient relevé leurs manches de chemise et ils comparaient leurs tatouages.

— L'ours se sauve!

L'animal courut sur la bâche, descendit sur le toit de l'autobus et sauta sur le sol. Comment dire cela au Dr Schultz, qui ne comprenait pas notre langue, qui tournait le dos à sa remorque et qui était tout absorbé par sa conversation?

— M. Rancourt! criai-je, l'ours s'en va!

Il n'eut pas besoin de traduire. L'homme du cirque avait compris. Brandissant un revolver, il s'élança vers l'ours qui fuyait dans le champ voisin. Il criait, suppliait, menaçait.

— Qu'est-cé qu'i' dit? demandâmes-nous à M. Ran-court.

— C'est des mots que les enfants anglais apprennent seulement quand i' sont devenus des hommes.

— I' doit dire les mêmes mots que quand mon pére i'
a une vache qui saute la clôture. C'est pas beau.

Le Dr Schultz, que nous avions vu disparaître dans
l'avoine, revint, après un long moment, parler à M. Rancourt, qui courut au village. Les hommes réunis au magasin général s'empressèrent de trouver d'autres hommes, l'on sortit des pièges, des carabines, des câbles.
Pendant que les mères ramassaient leurs enfants épar-
pillés dans le village, les hommes partaient, sous la
direction du gros M. Rancourt. À cause de son expérience
de la guerre, il prit le commandement des opérations de
la battue. Le Dr Schultz lui avait confié, nous l'apprîmes
plus tard: « Cet ours est plus important que ma propre
femme. » Il ne fallait donc pas le tuer, mais le ramener
vivant.

Le spectacle devait commencer au début de l'après-
midi. Le Dr Schultz, qui était parti avec les hommes dans
la forêt, revint en marmonnant; nous devinâmes qu'il
était malheureux. Autour de sa remorque, il ouvrit des
cadenas, défit des croisements de tiges de fer, arracha des
chevilles et dénoua des chaînes. Nous le vîmes trans-
former sa remorque en estrade à l'aide d'un système de
poulies, de câbles et de trépieds. Tout à coup, nous étions
au travail avec l'homme du cirque: nous transportions
des caisses, nous tendions des câbles, déroulions la toile,
enfoncions des piquets, alignions des chaises. Le Dr
Schultz dirigeait nos travaux. Les petits hommes surex-
cités que nous étions avaient oublié qu'il parlait une langue que nous ne comprenions pas.

Une toile déroulée et suspendue à un câble, qui était
soutenu par des piquets, forma une enceinte circulaire.
Cela ressemblait à une tente sans toit; nous avions construit cela. Nous étions fiers; aurions-nous, dans toute

notre vie, une autre journée aussi belle? Nous appartenions désormais au cirque.

Et ce fut l'heure du spectacle. La musique criait jusqu'à l'horizon. Dans les gradins s'étaient rassemblées surtout des femmes: les hommes pourchassaient l'ours disparu.

En bottes de cuir luisantes, dans un costume tout brillant de passementerie dorée, le Dr Schultz apparut sur la scène. Il dit quelques mots et l'assistance applaudit très fervemment; sans doute les spectateurs avaient-ils jugé que c'était une prouesse de parler avec autant d'aisance une langue dont ils n'auraient su prononcer un seul mot.

Il ouvrit une cage d'où sortirent une douzaine de lapins. Sur le dos de chacun, il accrocha un numéro. À l'autre bout de l'estrade, des trous étaient percés dans une planchette. Au-dessus de chaque trou, un numéro. L'homme du cirque donna un commandement et les lapins coururent se réfugier dans les trous qui portaient leur numéro. N'était-ce pas incroyable? Nous élevions tous des lapins, et ces animaux n'avaient jamais rien appris de plus intelligent que de mâchouiller du trèfle. Les mains nous brûlaient déjà tant nous applaudîmes notre ami le Dr Schultz. Puis ce fut le numéro des chiens savants: un chien dansa la valse; un autre fit un tour de piste à bicyclette pendant que son jumeau jouait du tambour. Nous applaudissions notre grand ami à nous fracasser les métacarpes.

Commençait à peine le numéro du chimpanzé acrobate quand un grand tumulte recouvrit la musique des haut-parleurs. Le mur de toile s'agita, il s'ouvrit, et l'on vit entrer l'ours capturé. Les hommes du village le ramenaient à son maître, grognant, furieux, hurlant, griffant, ruant, pantelant, affamé. Les hommes du village, habitués aux taureaux et aux chevaux récalcitrants, le conduisaient avec une forte autorité; ils lui avaient passé des câbles au cou et aux pattes. Ainsi, l'animal furieux devait obéir. M. Rancourt parlait français et anglais à la fois.

Le Dr Schultz lâcha, en voyant son ours, un cri que M. Rancourt ne traduisit pas. Les mains des hommes s'ouvrirent sur les câbles: l'ours était libre. Il ne s'en aperçut pas immédiatement. Nous entendions sa rugueuse respiration et aussi celle de son maître. L'heure était arrivée: nous allions voir la plus grande attraction de cirque dans les Amériques, nous allions voir, de nos propres yeux, le célèbre Dr Schultz, notre ami, lutter contre un ours noir géant.

N'éprouvant plus les brûlures des câbles à son cou, ne subissant plus la force des hommes qui l'écartelaient, l'ours se dressa, écarta les bras et il s'élança en grognant. L'ours frappa le Dr Schultz comme une montagne qui aurait roulé sur lui. L'ours et notre ami dégringolèrent en bas de l'estrade. Les applaudissements crépitaient; tous les hommes, ensemble, n'auraient jamais réussi à avoir la moitié de la bravoure du Dr Schultz. L'ours se releva, piétina le grand dompteur de fauves, et fonça dans l'enceinte de toile qu'il déchira d'un coup de griffes pour disparaître.

Le Dr Schultz n'avait plus de veston ni de pantalon: son corps était bariolé de stries rouges. Il pleurait.

— Si j' comprends ben, dit M. Rancourt, i' nous dit que cet ours-là, ben, c'est pas *son* ours...

— C'est pas *son* ours...

Les hommes furent secoués de gros rires tousseux comme, au magasin général, quand l'un d'eux racontait une histoire drôle.

Les hommes riaient si fort que M. Rancourt ne pouvait plus entendre les plaintes du Dr Schultz en sang sur l'estrade. Le croque-mort s'excusait de la méprise:

— C'était ben pourtant un ours qui parlait anglais parce que moé, j' comprenais rien de c' qu'i' y disait c't ours-là.

Une cheminée d'usine
à la place
de chaque arbre

Un jour, dans le train qui rattachait mon village à la ville de Québec, un homme était assis, dans ses vêtements de fermier, en face d'un homme rutilant, qui avait une odeur d'argent. Les deux hommes fumaient: l'un la grosse pipe, l'autre un long cigare. Le trajet était lent et tortueux. Après plusieurs minutes à travers la fumée, l'homme de mon village osa parler à l'homme aux bijoux:

— Vous devez venir de la grande ville, vous, Monsieur?

— Oui, dit l'autre homme, sèchement, mais pas vous!

— Moé, j' viens de Sainte-Justine.

— Ah! Je ne connais pas, dit l'homme brillant. Faut dire que c'est moins connu que Montréal... Et il ajouta: Il doit y avoir plus de vaches que de monde dans votre population!

L'homme de mon village reçut ces paroles comme une gifle. Il se tut et fuma sa pipe en préparant une vengeance. Sortant, quand il fut prêt, de son silence et de sa fumée, il répondit:

— Ouais, c'est un p'tit village, mais Sainte-Justine est pourtant réputé à cause de la manufacture...

L'homme de mon village recommença à fumer sa pipe; son piège était posé.

— Une manufacture de quoi? demanda le citadin, enfin.

115

— Une manufacture de chemises, dit l'homme de mon village.

— Ça ne doit pas être une manufacture gigantesque...

— C'est p'tre ben pas aussi gros que d'autres manufactures, dit l'homme de mon village mais, tous les jours, le train, ce train-citte, doit nous apporter des boutons...

L'homme de la ville, ne comprenant pas, daigna sourire.

— Vous savez compter, dit l'homme de mon village en serrant sa pipe; ce train-citte a quinze wagons, y a un wagon pour le monde comme vous et moé, les quatorze autres, c'est des wagons de boutons pour notre manufacture de chemises. Et le même train revient tous les jours.

Entendre cette histoire ou la raconter consolait un peu les gens de mon village d'habiter une région qui comptait plus d'épinettes que de cheminées d'usines. Un jour, un villageois faillit bien changer la situation.

De son métier, monsieur Juste était forgeron, mais les sabots des chevaux n'étaient pas un domaine assez grand pour lui; il rêvait d'affaires, d'entreprises, il rêvait de grosses cheminées jetant une fumée noire. Quand on racontait devant lui la blague des wagons de boutons, monsieur Juste disait que, si on l'avait voulu, ce ne serait plus une blague, mais une chose réelle.

— Y a aucune raison, disait-il, pour que les produits de notre village ne soient pas vendus dans tous les magasins de Halifax à Vancouver.

Monsieur Juste, perspicace, avait remarqué depuis longtemps que, pendant la traite, la queue des vaches balance à droite, à gauche, fouettant parfois le visage du fermier, ce qui est désagréable. Il avait aussi remarqué que les pieds arrière de ces animaux bougent constamment, remuent et parfois ruent, ce qui constitue, pour le seau de lait, un grand danger d'être renversé. C'était un problème sérieux. Monsieur Juste fouilla dans divers catalogues de produits agricoles, il feuilleta sa collection de *Bulletin des agriculteurs*, il alla même chercher dans l'encyclopédie du curé et ne trouva rien. Il en arriva à la conclusion que, jamais avant lui, l'humanité n'avait songé à résoudre le problème des jambes et de la queue remuantes des vaches. Monsieur Juste réfléchit plusieurs semaines, il dessina avec son gros crayon de forgeron de multiples dessins sur ses sacs de tabac à chiquer. Quand le sac était vide, il le jetait, oubliant toujours ses dessins, et il recommençait. Un jour, il trouva! Son rêve, son idée, son projet, il put s'attaquer à les réaliser dans le fer.

Penché sur son enclume, il plia le fer en forme de crochets, de grosses menottes qui s'ajusteraient aux jarrets de la vache. Un tel crochet serait posé sur chacune des jambes de l'animal. Entre les deux crochets, monsieur Juste arrangea une chaîne qui, ajustable, pourrait tenir serrées et immobiles les jambes récalcitrantes. À cette chaîne, monsieur Juste souda une chaînette, dont le but était de retenir la queue volante. Un grand problème venait donc d'être réglé: sans doute était-ce un pas en arrière pour les vaches mais un grand bond en avant pour l'humanité.

Monsieur Juste fabriqua quelques-uns de ces appareils et, quand il les proposa aux fermiers du village, il s'attira tout simplement des moqueries. Monsieur Juste ne perdit pas courage; il avait lu, dans des revues, la vie des grands inventeurs; il savait que ces grands hommes furent toujours incompris par leur entourage. Il décida donc de se tourner vers l'extérieur.

Avec sa femme, il écrivit une lettre qui décrivait son invention, et qui en vantait l'utilité. Sa lettre se terminait par les mots: « À l'époque moderne, on ne peut plus vivre sans l'invention de monsieur Juste. » Puis il fit traduire sa lettre en anglais par le maître des Postes: en effet, M. Rancourt avait appris l'anglais dans l'armée pendant la Première Guerre mondiale. C'est ainsi que l'invention de monsieur Juste reçut le nom anglais d'*anti-cow-kicks!*

Madame Juste enroula soigneusement dans du papier de soie l'invention de son mari, elle plia la lettre traduite en anglais et l'attacha à la chaîne, elle inséra l'objet précieux dans une boîte, elle enveloppa la boîte avec précaution et, comme le lui avait indiqué le maître des Postes, elle écrivit: « *From Juste Industries Ltd., Sainte-Justine, Canada, to Je-ne-sais-quelle-compagnie, Texas USA*. Monsieur Juste avait repéré cette adresse dans une de ses revues agricoles.

Monsieur Juste attendit. Sa boutique devint silencieuse. Le marteau ne frappa plus l'enclume. Monsieur Juste ne travaillait pas. Il passait ses journées à côté de son feu, assis sur l'enclume, à raconter comment l'idée lui était venue de commercer avec les États-Unis.

— Pour réussir dans les affaires, disait-il, il faut foncer dans le tas, les cornes en avant, comme un taureau. L'argent est en avant! Nous, les Canadiens français, on a peur de l'argent. Mais moé, je vais prouver que je suis capable de réussir.

Un mois plus tard, une lettre arriva du Texas. Monsieur Juste demanda en tremblant au maître des Postes de la lui traduire. La compagnie-je-ne-sais-quoi du Texas achetait l'invention de monsieur Juste; elle commandait 2 500 douzaines d'*anti-cow-kicks!*

Monsieur Juste était à peine retourné chez lui que le feu de sa forge recommença à gronder. Le marteau recommença à frapper l'enclume, fiévreux parmi les cris de joie de monsieur Juste. Il était tard la nuit, et le marteau frappait encore l'enclume. Puis il se taisait quelques heures et, bien avant le chant des oiseaux, le marteau recommençait à sonner. Le dimanche, la boutique fut silencieuse, mais le marteau frappa sur l'enclume en même temps que l'horloge marquait minuit.

Après sept jours de travail acharné, monsieur Juste avait fabriqué sept douzaines d'*anti-cow-kicks*. La compagnie du Texas en demandait 2 500 douzaines! Monsieur Juste laissa tomber son marteau:

— Je suis ruiné, dit-il.

Il se pourrait bien
que les arbres
voyagent...

Il y avait ceux qui avaient voyagé comme des oiseaux migrateurs et ceux qui avaient vécu, attachés à la terre, comme les arbres. Certains étaient allés très loin. Je me souviens d'avoir entendu le récit d'un homme qui était allé jusqu'au point où le ciel rencontre la terre: l'homme avait dû se pencher pour ne pas heurter le ciel de sa tête. L'homme s'était tout à coup senti seul et il avait écrit à sa femme. Son timbre lui avait coûté mille dollars. Quelques-uns étaient allés à New York; un autre était allé visiter un frère au Montana; mon grand-père avait navigué sur la mer Atlantique; une famille avait émigré en Saskatchewan; et des hommes allaient couper du bois dans les forêts du Maine ou de l'Abitibi. Quand ces gens revenaient, dans leurs vêtements neufs, même les arbres de la rue principale enviaient un peu ceux qui avaient voyagé.

Il y avait ceux, donc, qui n'étaient jamais partis... Comme le vieil Herménégilde. Il était si vieux qu'il avait vu construire la première maison de notre village. Il était vieux et pourtant sa moustache était toute noire. C'était une moustache énorme qui lui cachait le nez, la bouche et le menton. Je vois encore la moustache du vieil Herménégilde comme un gros nuage noir au-dessus de notre village. Nos parents disaient de lui qu'il avait une santé

123

de bois franc; toutes les tempêtes de la vie n'avaient pas réussi à courber sa droite et solide fierté. Au bout d'une vie, il ne possédait rien d'autre qu'une petite maison de bois. Ses enfants étaient tous partis. Le vieil Herménégilde, lui, avait vécu toute sa vie sans jamais franchir la frontière du village. Il était d'ailleurs très fier d'avoir vécu ainsi, enraciné à la terre de notre village. Pour donner toute la mesure de sa fierté, il disait:

— Moé, j'ai vécu toute ma vie sans jamais avoir eu besoin des étrangers!

Le vieil Herménégilde n'était jamais allé courir les forêts lointaines, il n'était jamais allé dans les villages voisins acheter ou vendre des animaux; sa femme, il l'avait trouvée dans le village. Le vieil Herménégilde disait:

— L' bon Yeu nous a toute donné c' qu'i' nous faut pour vivre dans notre village! Pourquoi c'est qu'i' faudrait aller courir ailleurs, là iousque c'é pas mieux.

Dans sa vieille tête, revenait un proverbe qu'avait écrit un très ancien poète français et qu'il répétait à sa façon:

— L'harbe des voisins paraît toujours ben plus varte que la nôtre...

Le vieil Herménégilde n'était jamais monté dans une automobile:

— J' veux pas aller vers la mort trop vite, disait-il, j' veux y aller en marchant au pas d'un homme.

Un matin, une voiture noire, plus longue que celle de M. Cassidy l'embaumeur, s'arrêta, dans un bond, devant la maison du vieil Herménégilde. Un fils qu'il n'avait pas vu depuis bien des années sortit de la voiture, tout habillé de noir, comme avait l'habitude de l'être M. Cassidy.

124

— Mon garçon, viens-tu à mon enterrement? demanda le vieil Herménégilde.

— Non, dit le fils, J' sus v'nu vous emmener en voyage.

De métier en métier, de travail en travail, le fils était devenu chauffeur particulier d'un homme d'affaires de Montréal; avant d'avoir pu se demander ce qui se passait, le vieil Herménégilde, qui n'était jamais monté dans une automobile, fut poussé dans le fauteuil de cuir d'une Cadillac qui piaffait comme un cheval.

— *Son* père, dit le fils, vous pouvez pas mourir avant d'avoir vu un peu le monde.

— J'ai tout vu ce qu'un homme a besoin de voir, dit le vieil Herménégilde.

La longue voiture noire du fils l'enleva à une vitesse qu'il n'avait jamais éprouvée. Pour ne pas voir qu'il traversait la limite du village, le vieil Herménégilde ferma les yeux. Et, les yeux fermés, le vieil homme ne vit pas qu'il traversait le village voisin où plusieurs étaient allés chercher leur femme; il ne vit pas le mont Orignal, la plus haute montagne de la région; il ne vit pas les dix villages que la voiture noire traversait à une vitesse que n'avait jamais atteinte aucun cheval emballé. Tobie, son garçon, parlait mais il ne voulait pas l'entendre.

— Moé, votre garçon, j' vois ben qu' vous avez passé votre vie comme en prison. Faut voir le monde avant de mourir. C'est moé qui vas vous sortir de votre prison. Aujourd'hui, y a pus de distance. Mon boss, i' s' lève à Montréal, i' s' réveille à Toronto, i' va déjeuner à New York, pis i' r' vient s' coucher à Montréal. C'est vivre, ça! Faut vivre avec ton temps. On sait que la terre tourne. Faut tourner avec la terre. Moé, j'arrête pas de voyager. J' connais le monde. J' connais la vie. Mais vous, vous avez jamais vécu dans les temps modernes. Faut voir ça.

125

— Un homme peut aller aussi loin qu'i' veut, dit le vieil Herménégilde, mais i' reste toujours dans ses bottines...

— J' sus pas c' qu'on appelle un bon fils, dit Tobie, mais c'est moé qui vous aurai montré le monde. J'aurai fait ça de bon dans ma vie.

Alors le vieil Herménégilde comprit qu'il n'avait plus le droit de tenir les yeux fermés. Ils étaient entrés dans Québec. Le vieil homme aperçut, d'un seul coup, des maisons plus hautes que l'église, des gens dans la rue plus nombreux que pour une procession religieuse, et des automobiles qui grouillaient partout comme des fourmis. Son fils l'amena devant un immense château, un vrai château dont il avait entendu le nom quand on parlait des riches, le Château Frontenac; ensuite il lui montra quelque chose de beaucoup plus vieux que lui, même plus vieux que son défunt père, les maisons que les premiers Français avaient construites.

L'automobile noire s'arrêta devant un grand jardin; Tobie fit descendre son père.

— I' s'ra pas dit que vous allez mourir avant d'avoir marché su' les Plaines d'Abraham: c'est icitte qu'on a perdu not' pays...

Et ce fut l'heure du retour. Dans la voiture, le fils remarqua que le vieil Herménégilde tenait les yeux fermés.

— Son père, fermez pas les yeux, r'gardez le monde.

— J'en ai trop vu, dit le vieil homme, tu m'as montré trop de choses aujourd'hui.

Dès qu'il eut déposé le vieil Herménégilde chez lui, le fils s'empressa de repartir, dans la longue voiture noire, appelé par d'autres voyages dans le vaste monde moderne.

Pendant de longs mois, derrière sa grosse moustache noire et les yeux fermés, le vieil Herménégilde attendit le retour de la longue voiture noire.

Les bons
et les méchants

les autres villages construits aussi sur des montagnes, je regardais les clochers d'église, les routes de gravier, les arbres verts, les petites rivières et j'étais heureux car personne ne viendrait nous voler toute cette beauté aussi longtemps que Duplessis nous protégerait.

Les nazis avaient sans doute tous été mis en prison; c'est pourquoi on n'en entendait plus parler. Mais d'autres méchants, hypocritement, de gros méchants, avec ruse, s'étaient levés et voulaient dominer les bons, ils menaçaient le bonheur des bons: c'étaient les communistes. À cause des méchants, une fois de plus, les bons ne pouvaient plus dormir sans inquiétude.

Les communistes commençaient de s'emparer des Vieux Pays. Au village, le curé nous expliqua pourquoi: parce que les Vieux Pays avaient abandonné la vraie religion, c'est-à-dire la nôtre, ils étaient punis d'une maladie mortelle: le communisme. Au Québec, nous avions continué de pratiquer fervemment la vraie religion; nous avions continué de prier le vrai Dieu. Pourquoi les communistes nous menaçaient-ils? Pourquoi s'infiltraient-ils dans des groupes d'ouvriers qui ensuite ne voulaient plus obéir aux patrons? Pourquoi les communistes tentaient-ils de nous empoisonner avec des brochures, des lettres qui disaient des faussetés contre la vraie religion? Heureusement Duplessis nous protégeait; il envoya plusieurs communistes en prison et il n'hésita pas à cadenasser, pour des années, des portes derrière lesquelles des communistes s'étaient rencontrés pour mettre au point un plan de domination du Québec.

Au souper, mes parents parlèrent d'un article du journal. Le journal des bons s'appelait *L'Action catholique*. Dans la soirée, je lus l'article, un éditorial (j'appris le mot ce soir-là). Le journaliste invectivait les communistes. Jamais au village, dans les chicanes, je n'avais entendu autant d'insultes. Les bons ont le droit d'injurier les méchants, et ils en avaient dix fois le droit si les méchants étaient communistes. Je me souviens encore de la conclusion de cet article: « Les catholiques du Québec se tiendront debout, bien droits devant la horde des envahisseurs communistes; nous nous battrons fièrement jusqu'à la dernière goutte de notre sang. » Il me semblait voir Staline à Moscou furieux, grognant dans sa moustache, humilié par l'article de *L'Action catholique* de Québec. Pour combattre les méchants, je décrétai qu'il valait mieux ne plus ressembler à Duplessis, mais plutôt à cet intrépide journaliste qui avait osé défier le grand chef des communistes, Staline lui-même.

Dans mon village, il y avait des bons et des méchants, mais il n'y avait aucun communiste. À l'automne, on m'envoya apprendre le latin dans un petit séminaire; là non plus, je ne trouvai pas un seul communiste. Quand je chuchotai à mon confesseur que je voulais défendre les bons contre les communistes, il me bénit trois fois, puis il m'écrivit une adresse sur un bout de papier et, de la poche de sa soutane, il sortit quelques sous pour que je m'abonne à une revue qui devait m'apprendre sur le communisme tout ce qu'un homme pouvait désirer savoir. Elle était rédigée par un missionnaire jésuite, qui avait été prisonnier pendant des années en Russie, et par un homme qui, après avoir été un agent communiste au Canada, s'était repenti pour devenir policier. Après quelques numéros, je n'ignorais plus rien. J'étais prêt à m'attaquer aux communistes comme le journaliste de *L'Action catholique* dont j'imitais le style dans mes rédactions. J'annonçai donc à mes amis du séminaire que le danger communiste était bien plus grand que nous pouvions le savoir, que le communisme s'était infiltré dans l'usine qui filait la laine, au bas de la colline, dans toutes les usines du Québec, et même dans le gouvernement; il était impossible de le voir, mais il était présent comme un cancer rongeur. Le communisme avait peut-être atteint même certains prêtres. Je donnais des noms, je citais des faits que j'avais lus dans ma revue. J'écrivis à la main un journal anticommuniste que je fis circuler dans ma classe. Il fallait se tenir éveillés. Je prononçai même des discours, dans le cercle qui se proposait de développer nos qualités oratoires, des discours enflammés où je dénonçai vertement les espions à la solde de la Russie. Des communistes, cependant, je n'en avais pas encore vus. Pas un seul. Parfois nous avions la permission d'aller nous promener dans la ville de Saint-Georges-de-Beauce, en une longue file de séminaristes portant l'uniforme. Si j'apercevais un homme qui me semblait avoir l'air un peu sombre, je ne pouvais m'empêcher de penser qu'il devait être communiste. Le Québec pouvait se sentir en sécurité; Duplessis et moi, avec la force de mes douze ans, n'abandonnerions pas le combat de la vérité contre le mensonge.

La vérité que je possédais n'était pas complète, je devais bientôt l'apprendre. Je reçus par la poste un petit journal que « lisaient seuls ceux qui n'avaient pas peur de la vérité », un petit journal, grand par son ambition, qui disait en quatre pages toute la vérité sur les véritables maux de notre société. Ce journal m'éblouit; il faisait enfin apparaître au grand jour le vrai visage des vrais méchants. Aurais-je pu ne pas m'abonner? Ce petit journal m'apprit que les grands malheurs du monde étaient créés par les banques, les usines, le commerce. Qui possédaient les banques, les usines, le commerce? Les juifs. Il me fallut trois ou quatre numéros pour en être convaincu. J'écrivis même au rédacteur du journal: les communistes, objectai-je, étaient plus dangereux que

134

les juifs. Il me répondit que le communisme était un déguisement sous lequel les juifs se cachaient pour préparer leur domination du monde. « Ne savez-vous pas que le père du communisme, Karl Marx, était un juif? Si vous regardez une photographie de Staline, n'êtes-vous pas convaincu qu'il a un nez juif? » Le rédacteur m'avait répondu lui-même, à la plume. Pouvais-je douter encore? Je fus encore perplexe pendant quelques jours. Puis je reçus un autre numéro de son journal. En première page, en manchette: « Voici la preuve du complot juif international »; sous ce titre, une photographie des trois maîtres du monde: Roosevelt, Staline, Churchill. Les trois hommes d'État se donnaient la main et leurs bras entrecroisés créaient une sorte de triangle que le rédacteur avait encadré d'un trait d'encre noire sur la photographie. En dessous ce commentaire: « Ce triangle, l'une des figures symboliques essentielles du Talmud, est la preuve que les traîtres sont démasqués. » Je ne compris pas tout à fait le savant langage du rédacteur, mais je ne pouvais pas ne pas être convaincu.

Des communistes, je n'avais pas réussi à en voir à Saint-Georges-de-Beauce. Des juifs, il y en avait; il y en avait un qui, Deuxième avenue, tenait un commerce de vêtements. Je convainquis mon ami Lapin d'aller voir de près un ennemi du monde entier. Nous entrâmes en tremblant dans la noire petite boutique: le plafond était bas; des vêtements étaient entassés pêle-mêle sur une grande table, des costumes étaient accrochés aux murs, d'autres pendaient à de longs tubes rattachés au plafond.

— Qu'est-ce que vous voulez? dit un homme qui apparut entre les costumes, avec un accent qui n'était pas de la Beauce.

Je ne pouvais lui dire que j'étais venu contempler un

135

ennemi; je tremblais mais, au fond de moi, je savais que j'étais brave. J'imaginai de mentir:

— On est v'nu pour un habit.

— Prends celle que tu veux, aujourd'hui, c'est à moitié prix. Pour vous.

Mon ami Lapin regarda autour de lui, il palpa les tissus, compara les teintes. (Il ne voulait pas d'un costume.)

— Celle-là, dit le juif dans son accent curieux, ça va te faire beau. Moé vends pas d' la schmatta.

Le juif lui avait passé le veston.

— Un veston pour ce prix-là, ça se fait pus dans le monde, dit le juif. Aujourd'hui, pour les séminaristes, moé ôte la taxe...

Lapin se regarda dans un miroir accroché à une porte, un miroir tout jauni, puis il me dit:

— Passe-moé deux piasses, j' voudrais laisser un acompte. C'est une aubaine!

De retour au séminaire, je relus le petit journal qui disait toutes les grandes vérités, puis je le prêtai à Lapin, lui demandant de lire en particulier un article intitulé: « Achetons chez les Canadiens français et non chez les agents du complot juif international ».

Le lendemain, mon ami Lapin me demanda si je voulais l'accompagner en ville; ensemble, nous allâmes reporter le veston au marchand juif de la Deuxième avenue. Quand nous ressortîmes de l'inquiétante boutique, après avoir été remboursés, nous fûmes, mon ami Lapin et moi, un instant éblouis par la vive lumière du mois de mai, déjà belle comme celle des jours de vacances. Nous venions de terrasser bravement un ennemi, mais, à treize ans, nous avions devant nous beaucoup d'autres combats à mener contre beaucoup d'autres ennemis, jusqu'au triomphe des bons sur les méchants.

Les médailles
flottent-elles
sur la mer?

Aucun général, même le plus intrépide, n'est décoré d'autant de médailles que n'en portait l'enfant catholique que je fus. Accrochés à mon cou, étaient réunis en gerbe la plupart des saints du ciel. Ils étaient à mon service: l'un devait me protéger de la grippe, l'autre de l'impureté; l'un devait m'aider à trouver les objets perdus, l'autre à regretter mes fautes; l'un devait m'accompagner à l'heure de ma mort; l'autre m'aider à obéir à mes parents. Ces saints pendus à mon cou étaient aussi des ambassadeurs qui rapportaient à Dieu mes paroles, mes actions et mes moindres pensées.

Peu à peu le bouquet de médailles devint lourd à mon cou. Un soir je les lançai vers le ciel, une à une. Elles ne sont pas retombées sur la terre; c'est ce que j'expliquai au surveillant de mon collège qui m'obligea à chercher à genoux dans le champ les médailles que j'avais profanées en les lançant comme des cailloux.

Quelques années plus tard, je partais pour la France, où je devais séjourner quelques années. Ce voyage inquiétait ma mère. La France était si loin; et je partais avec si peu d'argent. La France était un pays sans religion, et j'en avais si peu. Je partais pour si longtemps; qu'allait-il arriver de son grand enfant? Elle ne voulait pas me laisser partir, sans protection. C'est pourquoi, au

139

plein milieu de l'Atlantique, alors que le ciel était bas et que les vagues tournaient en furie, je trouvai, cousues dans la doublure de mon veston, une gerbe de médailles.

— Chère maman!

Qu'elle devait s'inquiéter de mon sort pour avoir, à mon insu, caché ces médailles dans mon veston! Je rentrai dans ma cabine et j'écrivis: « Chère maman, tu as cousu tant de médailles à l'intérieur de mon veston que notre bateau penche du côté où je suis... » Le désir ne me vint pas de jeter les médailles dans la mer démontée.

Bien accroché à la rambarde pour résister au souffle puissant des vents, et pris de vertige devant les gouffres d'eau qui s'ouvraient, se refermaient et se heurtaient, je pensai à une histoire que j'avais entendue. Elle m'avait bouleversé, car ce fut la première fois que j'entendis quelqu'un douter de la valeur de ces médailles que nous portions tous à notre cou.

En été, mon père avait l'habitude de s'asseoir, en face du soleil couchant, sur la galerie qui faisait le tour de la maison. Les hommes qui passaient, désœuvrés après leur journée de travail, s'arrêtaient pour fumer avec lui. J'écoutais de mes oreilles d'enfant étonné les réflexions de ces hommes qui connaissaient tant de choses que j'ignorais. C'est là que j'entendis l'histoire dont je me souvenais, sur le paquebot secoué par une mer en tempête, entre le Québec et la France, entre l'adolescence et l'âge d'homme. Je pensais aux hommes de mon village assis avec mon père, fumant. L'un dit:

— Dans la vie, y a deux choses importantes: le calcul et le catéchisme.

L'autre répondit:

— Dans la vie moderne d'aujourd'hui, j' pense qu'i' faut connaître plus le calcul que le catéchisme.

Mon père ajouta:

— Trop de calcul et pas assez de catéchisme, ça fait pas une bonne vie.

Alors, M. Veilleux dit:

— Nous les Canadiens français, on est le peuple au monde qui connaît le mieux le catéchisme. Est-ce qu'on est les plus riches et les plus heureux?

Les paroles de M. Veilleux avaient beaucoup de poids; il avait voyagé dans plusieurs villes du Québec et même en Ontario; son expérience était plus vaste que celles des autres: il avait vu le monde.

— Un homme, continua M. Veilleux, doit connaître le calcul plus que toute autre chose. Parce que le calcul, c'est l'instruction.

L'un des hommes objecta:

— Si tout le monde est instruit, la terre va être remplie de prêtres, d'avocats, de notaires, de médecins. Qui c'est qui va faire pousser les patates et les carottes?

M. Veilleux répliqua:

— J' vais vous donner la preuve que l'instruction est supérieure à la religion. Prenons deux hommes. L'un est instruit: il porte toujours un crayon dans sa poche. L'autre, i' connaît seulement le catéchisme; i' a donc pas de crayon dans sa poche, mais i' a un tas de médailles dans le cou. Supposons maintenant que les deux hommes, celui qui a un crayon et celui qui a les médailles, tombent dans un puits. Les deux hommes descendent au fond. Les médailles aussi coulent au fond. Mais le crayon remontera à la surface et flottera. Quand vous allez voir flotter le crayon, vous allez dire: « Arthur est tombé dans le puits. » Et vous allez le sauver. Albert, lui, avec ses médailles, i' va rester au fond. C'est la preuve de la supériorité du crayon sur les médailles, de l'instruction sur la religion.

Après cette histoire, mon père et ses amis fumèrent

141

longtemps, sans paroles pendant que, devant eux, le soleil roulait derrière la montagne.

Les yeux sur cette mer qui était plus profonde que le puits de l'histoire de M. Veilleux, je mis machinalement la main dans ma poche de veston pour vérifier que j'avais un crayon. Si tous les saints des médailles que ma mère avait cousues dans mon veston étaient impuissants, je pouvais désormais compter sur mon crayon.

Grand-père
n'avait peur de rien
ni de personne...

Grand-père était un homme fort. Grand-père aimait la force physique. Sa vie entière avait été un corps à corps, une épreuve de force. Grand-père ne connaissait que ce qu'il avait vaincu par la force de ses bras. Très jeune, presque un enfant, il fut bûcheron; jeune homme, il avait déjà des enfants; entouré du grand silence glacé de la forêt, il devait les entendre pleurer, là-bas, au loin, dans sa petite maison de bois. Alors, il s'attaquait aux épinettes géantes, il frappait de tous ses muscles tendus, il luttait contre le bois dur; la forêt reculait. Je connais une photographie de lui à cette époque; parmi les autres bûcherons, avec son visage d'adolescent vieilli prématurément, il a la fierté d'un roi. Je regarde ses yeux; parce que je suis son petit-fils, je sais: il pense qu'il est le plus fort.

Grand-père abattit tant d'arbres qu'il put s'acheter une ferme. Il y avait dans ses champs plus de pierres que de terre. Grand-père les enleva une à une, avant de pouvoir semer. L'hiver, le gel ramenait d'autres pierres à la surface. Chaque printemps, il recommençait le combat. Puis il semait. Grand-père ne jurait pas comme les autres fermiers; il souriait, parce qu'il était le plus fort.

Quelques années après, Grand-père se fit forgeron. Je l'ai vu se battre avec le fer rouge, je l'ai vu, en sueur et

145

le visage noir, se battre, enveloppé d'étincelles, avec le fer qu'il réussissait toujours à plier. Il était le plus fort. Sa force était tranquille comme la force de l'érable. À quatre-vingt-dix ans, il était encore le plus fort. J'avais passé, dans mon enfance, tant de jours avec lui qu'il ne savait plus si j'étais son fils ou son petit-fils, mais il me disait toujours, en écrasant dans son immense main ma main d'écrivain:

— Ça (il voulait dire: sa force), ça, tu l'apprendras pas dans tes livres.

Sa grosse main s'ouvrait enfin pour libérer mes doigts engourdis et je disais:

— Fort comme vous l'êtes, il n'y a encore rien qui vous fasse peur.

— La peur, répondait Grand-père, j'ai jamais connu ça dans ma vie.

— I' a pas connu la peur? ironisa ma grand-mère dans un de ses éclats de rires. Moé j' m' rappelle qu'i' avait peur des protestants.

Grand-père se leva brusquement:

— Si j' mets pas de bois, mon feu va s'éteindre.

En refermant la porte, il grogna:

— La peur, j'ai jamais connu ça.

Grand-mère eut un grand plaisir à me révéler le secret de Grand-père. Elle me raconta l'histoire de la peur de Grand-père.

Jeune fille, Grand-mère vivait à Sainte-Claire. Mon Grand-père vivait à trente milles de là, dans les montagnes, à Sainte-Justine. Pour visiter sa fiancée, la route de Grand-père était longue, tordue de détours, de pentes et de cahots. La boue y était épaisse. Elle grimpait les collines et les redescendait dangereusement, évitant les pierres et les souches. Entre les deux villages, quelques maisons étaient réunies autour d'une petite église. Dans ces

146

maisons vivaient des protestants. La petite église de bois était une église protestante. C'était un village de protestants.

Grand-père, aussi fort que la forêt, aussi fort que les pierres des champs et aussi fort que le fer, n'a jamais pu vaincre sa peur de traverser le village des protestants. Dès qu'il l'apercevait, il sautait de sa voiture, il prenait son cheval à la bride et, à travers les taillis, il faisait un détour. Quand il l'avait dépassé, il reprenait la route qui le menait à sa fiancée.

Grand-mère, qui venait de trahir un secret, eut des rires d'écolière devenue vieille tout d'un coup pendant une moquerie. Moi, je me sentis devenir triste.

Qui avait pu, je me demande, semer une si grande peur dans l'âme d'un homme aussi fort?

L'avenir,
Mossié, est dans
votre main blanche...

Le soir, l'autobus revenait de la ville. Parfois, il s'arrêtait et l'on regardait descendre, avec ses valises, un enfant du village, comme l'on disait, parti depuis longtemps et qui regardait autour comme s'il était arrivé dans un village étranger.

Le village était construit à flanc de colline. Grâce à cette dénivellation, nous pouvions nous allonger dans l'herbe du talus et avoir les yeux à la hauteur de la rue. Écartant discrètement les brins d'herbe, nous pouvions voir sans être vus. Nous pouvions espionner la vie.

Un soir, l'autobus s'immobilisa devant nous. Les freins puissants étreignaient l'acier des roues et les faisaient crier. La porte s'ouvrit et nous aperçûmes des souliers recouverts de guêtres grises sur lesquelles tombaient de vastes pantalons rayés; l'homme posa son pied guêtré sur l'asphalte, sortant ainsi de l'ombre intérieure de l'autobus. Il était coiffé d'un chapeau haut-de-forme comme en portaient les magiciens qui venaient donner des spectacles. Son veston à queue, comme nous disions pour désigner sa jaquette, descendait jusque sur ses mollets. Une boucle blanche ornait son cou, et il tenait à la main une trousse de cuir comme celle du vieux docteur Robitaille. L'autobus se remit en route. Alors seulement nous remarquâmes que son visage était noir.

Était-ce un farceur qui s'était barbouillé le visage en noir, ainsi que nous le faisions, les soirs de Mardi gras, pour mystifier les grandes personnes? Des Noirs, nous savions que l'Afrique en était pleine, nous savions qu'il y en avait aux États-Unis et dans les trains, mais il n'était pas possible qu'un Noir, venu en autobus, soit arrivé dans notre village.

— Ou bien c'est pas un vrai nègre, ou bien i' s'est trompé de village, dis-je à mon ami Lapin, écrasé dans l'herbe comme un chasseur qui surveille sa proie.

— R'garde comme i' a les dents blanches; c'est la preuve que c'est un vrai nègre.

Sans bouger les pieds, ses pieds aux guêtres grises, le Noir regarda vers le haut de la montagne et vers le bas, il réfléchit un instant. Avec sa trousse de cuir, sa jaquette aux pans ouverts dans le vent, ses doigts noirs serrant le rebord de son haut-de-forme, il commença à marcher vers le haut de la montagne. Lapin et moi, nous attendîmes un peu avant de sortir de notre cachette afin de n'être pas vus. Puis, de loin, nous suivîmes le Noir. D'autres personnes aussi suivaient le Noir, mais cachées dans les maisons, derrière les rideaux qui se refermaient après son passage. À peu de distance de l'endroit où il était descendu, était situé *La sandwich royale*, l'un des deux restaurants. Le Noir s'arrêta, regarda vers le haut de la montagne, puis vers le bas et, traînant ses pieds guêtrés, il entra à *La sandwich royale*. Un horrible cri retentit et déjà la femme du propriétaire de *La sandwich royale* sautillait dans la rue, les bras levés, en larmes et criant aussi fort que les cochons du boucher.

— C'est une femme, expliqua Lapin; c'est normal qu'elle ait peur comme ça.

— Un nègre que tu vois dans la revue des missionnaires, dis-je, et un nègre que tu vois en face de toi, vivant, c'est pas la même chose...

La femme apeurée ne voulait pas rentrer toute seule là où était le Noir. Lapin et moi, nous nous étions approchés de la fenêtre, nous avions le nez écrasé contre la vitre. Le Noir s'était assis à une table.

— Le nègre, i' attend, constata Lapin.

Quelques personnes étaient accourues aux cris de la femme en panique. Pouce Pardu, qui avait fait la guerre, dans le régiment de la Chaudière, avait tout fait ce qu'un homme peut faire dans une vie. Il dit:

— Moé, des Noirs, ça me fait pas peur.

Il entra. Les grandes personnes s'approchèrent de la fenêtre et, comme Lapin et moi, elles virent Pouce Pardu s'approcher du Noir, lui parler, rire, faire sourire le Noir, s'asseoir avec lui, lui donner la main. Nous avons vu le Noir tenir longtemps la main du brave, la tenir ouverte, l'approcher de ses yeux. La femme du propriétaire de *La sandwich royale* ne hurlait plus mais elle tremblait encore. Par la fenêtre, nous avons vu Pouce Pardu ramener sa main ouverte et tendre un billet au Noir. La propriétaire était un peu rassurée car elle dit:

— J' vas rentrer si vous rentrez avec moé.

Nous rentrâmes, Lapin, moi, les autres gamins, et les grandes personnes qui regardaient à travers la fenêtre; Pouce Pardu annonça:

— Juste à regarder dans votre main, ce nègre-là connaît votre avenir et votre passé.

— Demande-lui qu'est-ce qu'i' veut manger, dit la femme du propriétaire de *La Sandwich royale*.

Un autre ancien soldat, qui avait fait la guerre à Terre-Neuve et qui, lui non plus, n'avait peur de rien, dit:

— L'avenir, j' l' connais: j'en ai pas. J' vas aller d'mander au Nègre de m' conter mon passé.

Nous avons vu le Noir penché sur la paume ouverte du soldat et chuchoter. Après lui, d'autres personnes ont osé s'approcher du Noir et, le soir, des automobiles venaient des villages voisins, remplies de personnes qui venaient voir le Noir et qui voulaient apprendre l'avenir. Lapin et moi, nous ne l'appelions plus le Noir, mais le Sorcier. Seul un sorcier peut connaître l'avenir: un sorcier ou Dieu. Bien sûr, Dieu ne pouvait pas être noir...

Le lendemain, Lapin et moi, tapis dans l'herbe, nous avons vu réapparaître le Noir; nous l'avons vu descendre de la montagne, avec son haut-de-forme, ses guêtres et les pans de sa jaquette ouverts au vent. Lapin et moi, écrasés contre le sol, retenant notre souffle, regardâmes passer le Sorcier: il avait, sur ses dents blanches, un vrai sourire du diable. Alors, Lapin et moi, nous n'avons pas eu besoin de nous parler pour comprendre. Nous avons sorti des cailloux de nos poches et nous les lui avons lancés de toute la puissance de nos petits bras blancs.

Plusieurs années plus tard, j'étais à Montréal, où je m'épuisais à essayer de vendre mes premiers écrits. Un après-midi, j'allais proposer à un journal une histoire intitulée « La Princesse et le pompier » quand j'aperçus, de l'autre côté de la rue, un Noir, coiffé d'un haut-de-forme, portant des guêtres grises, un pantalon rayé et une jaquette. Je n'avais pas oublié le Noir de mon enfance. Je traversai la rue Sainte-Catherine, à travers les voitures, en courant. C'était le Noir de mon enfance, à qui nous avions lancé des cailloux à cause de sa peau noire, à cause de son chapeau inhabituel, à cause de ses guêtres ridicules, à cause de sa science étrange, c'était lui, vieux, courbé, son chapeau bosselé, ses cheveux blanchis, ses guêtres malpropres et sa trousse de cuir râpée. C'était lui! La boucle blanche à son cou était devenue grisâtre:

— Monsieur! Monsieur! appelai-je. Voulez-vous lire dans les lignes de ma main? dis-je en le rattrapant.

Il posa sa trousse sur le trottoir, il appuya son dos contre l'édifice. Je lui tendis ma main ouverte. Il ne me regarda pas, mais il se pencha pour voir les lignes dans ma main. Après un instant de silence absorbé:

— Je lis que vous regrettez quelque chose, dit-il.

Le secret perdu
dans l'eau

Depuis que j'avais commencé d'aller à l'école, mon père ne me parlait plus guère. J'étais très enivré par les nouveaux jeux de l'orthographe; mon père y était peu habile (c'est ma mère qui écrivait les lettres) et il s'était persuadé que je n'étais plus intéressé à l'entendre raconter ses aventures des longues semaines où il partait loin de la maison.

Un jour, cependant, il me dit:

— Le temps est venu de te montrer quelque chose...

Il me demanda de le suivre. Je marchai derrière lui, sans parler comme nous en avions pris l'habitude. Il s'arrêta dans le champ devant une touffe d'arbustes feuillus:

— Ça s'appelle des aulnes, dit-il.

— J' sais.

— I' faut apprendre à choisir, précisa mon père.

Je ne comprenais pas. Il tâta chaque branche de l'arbuste, une à une, avec un soin religieux.

— I' faut en choisir une très fine, une parfaite. Comme celle-ci.

Je regardai; elle semblait tout à fait semblable aux autres.

Mon père déplia la lame de son canif et coupa la

branche choisie avec une pieuse lenteur. Il l'effeuilla et il exhiba le rameau qui avait la forme d'un Y parfait.

— Tu vois, dit-il, la branche a deux bras. Prends un bras dans chaque main. Et serre-les.

Comme il me le demandait, je saisis dans chacune de mes mains un fourchon de l'Y qui était plus mince qu'un crayon.

— Ferme les yeux, ordonna mon père, et serre un peu plus... Ouvre pas les yeux!

— Sens-tu queque chose?

— La branche bouge, m'écriai-je, étonné.

Sous mes doigts serrés, l'aulne se tordait avec la force d'une petite couleuvre affolée. Mon père vit que j'allais la laisser tomber.

— Lâche pas!

— La branche gigote, répétai-je. Et j'entends comme une rivière!

— Ouvre les yeux, ordonna mon père.

J'étais aussi ahuri que s'il m'avait réveillé pendant un rêve.

— Qu'est-ce que ça veut dire? demandai-je à mon père.

— Ça veut dire qu'en dessous de nous, juste icitte, y a une source d'eau claire. Si on creuse, on pourrait boire dedans. J' viens de t'enseigner comment trouver une source. C'est mon père qui m'avait enseigné ça. C'est pas une chose qui s'apprend à l'école. C'est pas une chose inutile: un homme peut se passer d'écriture pis de calcul, mais i' pourra jamais se passer d'eau.

Bien plus tard, j'appris que mon père était célèbre dans la région à cause de ce que les gens appelaient son « don »; avant de creuser un puits, on le consultait toujours; on le regardait prospecter les champs ou les collines, les yeux fermés, les mains crispées sur la fourche

160

d'aulne. Où mon père s'arrêtait, l'on marquait le sol; là on creuserait; de là surgirait l'eau.

Depuis, les années ont passé; j'ai fréquenté d'autres écoles, j'ai vu d'autres pays, j'ai eu des enfants, j'ai écrit des livres et mon pauvre père est couché dans cette terre où, tant de fois, il su trouver l'eau claire.

Un jour, quelqu'un entreprit de tourner un film sur mon village et ses habitants à qui j'ai dérobé beaucoup des histoires que je raconte. Avec l'équipe du tournage, nous étions allés chez un fermier saisir l'image d'un homme triste: ses enfants ne voulaient pas recevoir l'héritage qu'il leur avait préparé pendant toute sa vie, la plus belle ferme de la région. Pendant que les techniciens préparaient les caméras et les microphones, le fermier me mit le bras sur les épaules, disant:

— J'ai ben connu ton père...

— Ah! Je sais. Au village, tout le monde se connaît... Personne ne se sent étranger...

— En dessous de tes pieds, sais-tu ce qu'y a?

— L'enfer? dis-je en riant...

— En dessous, y a un puits. Avant de creuser, j'ai fait venir des spécialistes du ministère de l'Agriculture; i' ont fait des recherches, i' ont analysé des pelletées de terre; et i' m'ont fait le rapport qu'y avait pas d'eau sur mon territoire. Avec la famille, les animaux, les semailles, j'ai besoin d'eau. Quand j'ai vu que les spécialistes avaient pas trouvé d'eau, j'ai pensé à ton père, j' lui ai demandé de venir. I' voulait pas; j' pense qu'i' m'en voulait passablement à cause des spécialistes que j'avais consultés au lieu de lui. Finalement, i' est venu; i' est allé s' couper une petite branche, i' s'est promené un peu, les yeux fermés, i' s'est arrêté, i' a écouté queque chose qu'on entendait pas et i' m'a dit: « Creuse icitte, y a assez d'eau pour soûler ton troupeau et pour noyer tes spécialistes. » On a creusé et on a trouvé de l'eau. De la belle eau, qui a jamais entendu parler de pollution.

Les gens du cinéma étaient prêts; ils m'appelaient pour que je prenne place.

— J' vas te montrer queque chose, dit le fermier qui me retenait. Attends-moé icitte.

Il disparut dans une cabane, qui devait lui servir d'entrepôt, pour revenir avec une branche qu'il me tendait:

— J' jette jamais rien; j'ai gardé l'aulne que ton père avait coupé pour trouver mon eau. J' comprends pas, i' a pas séché.

Ému en touchant à ce rameau, conservé par je ne sais quelle piété, et qui, vraiment, n'était pas sec, j'eus l'impression que, derrière mon épaule, mon père m'observait; je fermai les yeux et, sur la source que mon père avait découverte, j'attendis que la branche se torde, j'espérai que monte à mes oreilles le bruit de l'eau qui jaillit...

L'aulne demeura inerte entre mes mains et l'eau sous la terre refusa de chanter.

Le long des chemins que j'avais parcourus depuis le village de mon enfance, j'avais oublié quelque part la science de mon père.

— Faut rien regretter, dit l'homme, pensant sans doute à sa ferme et à ses enfants; aujourd'hui les pères peuvent plus rien transmettre aux générations descendantes.

Et il me reprit des mains la branche d'aulne.

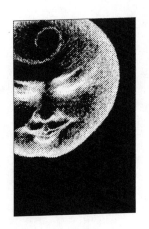

COMMENT J'AI ÉCRIT
LES ENFANTS DU BONHOMME
DANS LA LUNE

par Roch Carrier

Un soir, autour d'une table, nous étions réunis quelques amis. Je racontai, comme tous les autres, une anecdote. Nous avions bu quelques bouteilles de vin et nous parlions de notre enfance. Un de nos amis me demanda de répéter mon anecdote pour la radio. Les auditeurs réclamèrent d'autres souvenirs d'enfance.

L'année suivante, faisant une tournée à travers le pays, je fus étonné de découvrir que mes histoires étaient connues. Dans des écoles et des universités, elles étaient lues, analysées. Pourtant, je ne les avais jamais publiées! Enregistrées sur cassettes, on les avait transcrites, puis multicopiées. Je revins donc de ma tournée avec, en main, le manuscrit de textes que je n'avais pas écrits!

Il me sembla que le temps était venu de fixer ces histoires sur le papier, de les écrire!

Le vieux Flaubert conseillait à un jeune écrivain de faire passer ses phrases par le gueuloir. Cent ans plus tard, un jeune écrivain suivrait (de manière inattendue) son conseil: il filtrerait ses phrases à l'aide d'un microphone, d'un appareil de radio, de cassettes, d'un magnétophone... Peu importe la quincaillerie, seul compte le texte.

Écrire ses mémoires n'appartient pas à mon âge. Ce temps viendra trop vite, mais je me livrerai avec plaisir à cet exercice. Un écrivain doit souvent se tourner vers l'enfance. À cette époque, il regardait le monde d'une manière dont il n'avait jamais été regardé. L'Univers, par les yeux d'un enfant, est vu pour la première fois. L'écrivain aussi doit regarder le monde pour la première fois. Il doit donc garder son regard d'enfant...

Je vous dois aussi une explication. Pourquoi ce titre? Le bonhomme dans la lune: connaissez-vous? Certainement pas. Il ne s'agit pas d'un cosmonaute américain. Quand j'étais enfant, un voyage sur la Lune semblait invraisemblable. Un voyage sur la Lune n'était possible que dans les bandes dessinées ou chez Jules Verne... Je ne sais selon quelle méthode didactico-linguistico-psychologico-idéogrammatico-scientifique vous avez appris à lire, mais voici comment on m'enseigna. L'institutrice traçait au tableau noir la lettre *i*. Elle prononçait plusieurs fois *i*. Nous répétions en chœur des dizaines de fois *i*. Elle ajoutait: *i*, c'est le bruit que fait la souris grise qui rit en voyant la scie du bonhomme dans la lune qui scie du bois; *i-i-i-i-*, c'est le bruit de la scie et de la souris du bonhomme dans la lune. Vous dirai-je que le soir, j'étais tôt monté dans ma chambre? Par la fenêtre, j'examinais la lune. La nuit était claire. La lune était ronde et brillante. Le bonhomme dans la lune était facile à apercevoir, et sa souris et sa scie. D'ailleurs, prêtant l'oreille, j'entendais distinctement le bruit de la scie *i-i-i-i*.

Quand on est ainsi enseigné, la mémoire est marquée.

Je n'oublierai pas le bonhomme dans la lune.

Plusieurs années plus tard, j'étais devenu un écrivain, j'étais devenu un père. En famille, nous venions de visiter le cap Kennedy, aux États-Unis, d'où étaient partis les astronautes que l'on avait envoyés sur la Lune. Devant une magnifique image de la Lune dans les grands espaces sidéraux, je ne pus m'empêcher de dire:

– Mes filles, regardez! l'on distingue très bien le bonhomme dans la lune.

L'une de mes filles me jeta un regard de pitié: son pauvre père disait une sornette. L'autre prit soin de m'expliquer les choses correctement:

– Papa, il n'y a personne sur la Lune. La Lune est inhabitée.
Il n'y a pas de vie.

C'est ainsi que les enfants démolissent les mythes des parents!

Bien des choses s'étaient passées sur la Terre et dans les airs entre mon enfance et celle de mes enfants. La conscience des Terriens s'était approfondie avec la connaissance de leur milieu de vie.

Quant à moi, j'avais sur ma table un manuscrit qui n'avait pas encore de titre. Parce que j'y racontais mon enfance, parce que j'appartenais à la génération de ceux qui avaient cru à un bonhomme dans la lune, je décidai d'intituler ce prochain livre *Les Enfants du bonhomme dans la lune*.

Il m'arrive encore d'observer attentivement la lune. Il se pourrait bien que l'Américain n'ait pas eu le temps de tout voir... Imaginez que mon bonhomme dans la lune descende sur la Terre et n'y passe que quelques instants... Il ne verrait pas tout...

Heureusement! car, sur notre belle Terre, tout n'est pas montrable.

ŒUVRES DE ROCH CARRIER

ROMANS

La Guerre, yes sir!
    Éditions du Jour, 1968; Édition de luxe, 150 exemplaires, Art
    Global, 1975; Éditions Stanké, collection Québec 10/10, 1981;
    Éditions Stanké, collection Le Petit Format du Québec, 1996;
    Traduction anglaise par Sheila Fischman, Anansi, 1970.

Floralie, où es-tu?
    Éditions du Jour, 1969; Éditions Stanké, collection Québec
    10/10, 1981; Traduction anglaise par Sheila Fischman, Anansi,
    1970.

Il est par là, le soleil
    Éditions du Jour, 1970; Éditions Stanké, collection Québec
    10/10, 1981; Traduction anglaise par Sheila Fischman, Anansi,
    1972.

Le Deux-millième Étage
    Éditions du Jour, 1973; Éditions Stanké, collection Québec
    10/10, 1983; Traduction anglaise par Sheila Fischman, Anansi,
    1974.

Le Jardin des délices
    Éditions La Presse, 1975; Éditions Stanké, collection Québec
    10/10, 1985.

Il n'y a pas de pays sans grand-père
    Éditions Stanké, 1977; Éditions Stanké, collection Québec
    10/10, 1979; Traduction anglaise par Sheila Fischman, Anansi,
    1981.

Les fleurs vivent-elles ailleurs que sur la Terre?
    Éditions Stanké, 1980.

La Dame qui avait des chaînes aux chevilles
    Éditions Stanké, 1981; Éditions Stanké, collection Québec
    10/10, 1988; Traduction anglaise par Sheila Fischman, Anansi,
    1984.

De l'amour dans la ferraille
    Éditions Stanké, 1984; Traduction anglaise par Sheila
    Fischman, Anansi, 1987.

L'Ours et le Kangourou
    Éditions Stanké, 1986.

Un chameau en Jordanie
   Éditions Stanké, 1988.
L'Homme dans le placard
   Éditions Stanké, 1991; Traduction anglaise par Sheila
   Fischman, Penguin Books Canada, 1992.
Fin
   Éditions Stanké, 1992; Traduction anglaise par Sheila
   Fischman, Penguin Books Canada, 1994.

THÉÂTRE

La Guerre, yes sir!
   Éditions du Jour, 1970.
Floralie
   Éditions du Jour, 1970.
La Céleste Bicyclette
   Éditions Stanké, 1980; Éditions Stanké, collection Québec
   10/10, 1985.
Le Cirque noir
   Éditions Stanké, 1982.

CONTES

Jolis Deuils
   Éditions du Jour, 1964; Éditions Stanké, collection Québec
   10/10, 1982.
Les Enfants du bonhomme dans la lune
   Éditions Stanké, 1979; Éditions Stanké, collection Québec
   10/10, 1983; Éditions Stanké, collection Le Petit Format du
   Québec, 1996; Traduction anglaise par Sheila Fischman,
   Anansi, 1979.
Les Voyageurs de l'arc-en-ciel
   Éditions Stanké, 1980.
Ne faites pas mal à l'avenir
   Éditions Pauline, 1984
Le Chandail de hockey
   Livres Toundra, 1984; Traduction anglaise par Sheila
   Fischman, Toundra Books, 1984.
La Fleur et Autres Personnages
   Éditions Pauline, 1985.

Prières d'un enfant très très sage
    Éditions Stanké, 1988; Éditions Stanké, collection Petit
    Format du Québec, 1996; Traduction anglaise par Sheila
    Fischman, Penguin Books Canada, 1991.
L'Eau de Polgok-sa
    Éditions Pauline, 1990.
Le Canot dans les nuages
    Éditions Pauline, 1991.
Un champion
    Livres Toundra, 1991.
Canada, je t'aime
    Livres Toundra, 1991.
Une bonne et heureuse année
    Livres Toundra, 1991.
Le Martien de Noël
    Québec/Amérique, 1991

ALBUMS PHOTOGRAPHIQUES

Québec à l'été 1950
    Éditions Libre Expression, 1982.
Canada
    Éditions Libre Expression et Art Global, 1986; versions
    française, anglaise, japonaise.

Table des matières

Dans la collection

LE PETIT FORMAT DU QUÉBEC

ROCH CARRIER
Les Enfants du bonhomme dans la lune
La Guerre, yes sir!
Prières d'un enfant très très sage

YVON DULUDE ET JEAN-CLAUDE TRAIT
Dictionnaire des injures québécoises

MARIE DUMAIS
... et me voici toute nue devant vous.

PIERRE FALARDEAU
Octobre

MARC FAVREAU
Faut d'la fuite dans les idées!

Achevé d'imprimer en janvier 1996,
sur les presses de l'Imprimerie l'Éclaireur,
Beauceville (Québec)